青木重孝

医師会仕事は遊びにすぎん

青木重孝自伝

風媒社

本書に寄せて

井口昭久

淡々とした自叙伝である。簡潔で、文章にリズムがある。

過去から現在に向かって流れる淀みのない川の水のようである。読み始めたらその日のうちに最後まで読んでしまった。

読み終わってしばらくの間、文章のリズムが私の中に残っていた。

心理学者によれば人の初めての記憶は二歳から五歳にかけての人が多いという。

井口昭久
名古屋大学卒業式の日　豊田講堂にて
（昭和 45 年 3 月、撮影 青木重孝）

思い出の出発点は生まれたばかりから数年経たなければ脳に刻まれないと従来は考えられていた。

しかし最近では、初めての記憶以前の記憶は能動的に忘れているのだという。その後の人生に役に立たない記憶は積極的に忘れているそうだ。

著者の生まれて初めての記憶は八歳前後と比較的高年齢である。その後の人生のすべてを許容するには八歳以前の記憶を貯蔵しておく余裕はなかったのかもしれない。

彼の人生に無駄なところはなかったようだ。

私のように無駄な人生ばかりを生きてきた者にはうらやましい。

そしてこの著作を通じて感じるのは一貫した観察眼である。

事物を遠景から眺めるように記述している。

それは伊勢湾台風の臨場感溢れる描写にあらわれている。

青春時代を共に過ごしていた私を襲ったような虚無感は、彼には無縁であったようだ。

「明るく、明るく」人生を生きてきた印象である。

しかし自己賛美はなく、客観的である。

昭和四十年代半ばに起きた名古屋大学医学部の黒い霧事件の主役は著者の父親であった。

父親に関する記述は、名大医学部の問題の渦中にあったにも関わらず、淡々としている。

事実を客観的に眺めている。

当事者でなければわからない記述が多く、歴史的にも貴重な資料となるであろう。

下記の部分は著者が事件についての思いを表明したものである。

「黒い霧事件にあって、私が残念だったのは小笠原学部長が開き直っていると思えなかったところです。小笠原一派は天下により良い人材を求めて活動したのであって、そこに金銭が絡んだりはしていません。自分が正しいと思うのであれば一派をまとめ、開き直って居座るべきだったと思っています。人の器量の問題だったのかもしれません。開き直ることができるベースにはくもりのない、そして自信のある自分がなければなりません」

後半は日本の医師会の記述である。

ことに日本医師会の理事を務めた頃の挿話は面白い。

さまざまな人物が登場するが、私はかねてから彼の人をみる目の確かさを感じていた。

ここでも彼の客観的な視点が随所に見られる。

日本の医療保険制度の変遷もわかり、日本の医学会の歴史にもなっている。回想記は当事者以外には興味はないものであると思っていたが、私は時間を忘れて読み耽っていた。

医師会仕事は遊びにすぎん【目次】

著者

世界医師会東京総会晩餐会（平成 16 年 10 月 6 日）

三重県医師会会長当選祝い（平成 24 年 2 月）

父 青木大二郎

母 青木まき

祖父 市川博
初代三重県弓道連盟会長
範士 10 段

兄弟で

後列
重孝、信子

前列左から
敏夫、秀茂、大五

兄弟とその連れ合いたち　前列左から 秀茂、敏夫、重孝、大五
後列左から 裕子、信子、真理子、ゆり子、淳子

医者になった３人兄弟　左から　大五、重孝、敏夫

旭丘高校 203 修学旅行（昭和 38 年）

名古屋大学全学ラグビー部

西日本医科学生総合体育大会開会式（昭和 44 年）　名大豊田講堂

西日本医科学生総合体育大会開会式　運営委員長としてあいさつ

中央社会保険医療協議会委員として
中医協総会

右から
松原謙二、著者、野中博

日本医師会役員室中央のテーブルで昼食後、会長を中心に雑談
中央は植松治雄会長

日医の仲間たち　左端から植松治雄会長、宮崎秀樹副会長、以下常任理事が整列

日医の仲間たち　左から　野中博常任理事、一人おいて寺岡暉副会長、著者、
三上裕司常任理事

第 20 回西日本医科学生総合体育大会運営の仲間たち

三重県医師会の仲間たち　左から著者、松本純一副会長、馬岡晋常任理事

ラグビー選手五郎丸のゴールキックを真似て、横倉義武日医会長と中部医連の面々

住んでいた神田神保町のタワーマンションからの眺め　中央は皇居、
中央やや左に東京タワー、六本木ヒルズが見える。手前は武道館

三重県医師会の仲間たち
（平成 26 年 6 月 14 日）
志摩安乗「おおなみ」

仲間たち

青木記念病院の仲間たち（平成 26 年 12 月 17 日）　ホテル花水木

旭丘高校 203 の仲間たち（令和 5 年のクラス会）

「在宅医療介護」で連携・効率化

県医師会・青木重孝会長に聞く

少子高齢化が急激に進行している現状を踏まえ、在宅医療や地域医療の在り方が注目されている。災害時の体制なども含め、県医師会の取り組みを青木重孝会長に聞いた。

—三重県でも六十五才以上の高齢者が四分の一以上を占める。現在注力している取り組みは。

「在宅医療介護」という観点が今後ますます重要になる。

地域における医療および介護の総合的な確保を推進するための関係法律の整備等に関する法律案が国会で成立した。医師や看護師、ケアマネジャーら医療・介護に関する職種が連携することで、患者一人一人の情報を把握、共有できる。地域で包括するシステムを構築し、効率的、効果的な医療を目指す。

住民にとって利用しやすいサービスにするため、多職種共同（共働）で取り組んでいくことが大切。

—災害に備えた医療体制は。

東日本大震災の被災地で医者ができることは、早く検案することだった。生き残った医師だけでは到底人数が足りず、内陸から医者が駆け付けた。実際に担当した医者は「最近（検案を）やったことがない。溺死でいいのか」と悩んだと言う。

南海トラフ連動地震が起こったら、三重県でも同じ状況が起こり得る。三重県中の医者が死体検案できるように養成している。

在宅医療介護について語る青木会長＝津市桜橋の県医師会で

—県内での医療格差の課題をどう考えるか。

診療明細を記したレセプトのデータを分析すると、東紀州地域では地元の開業医が夜中も休日も診療している。救急医療情報センターに電話する人は少なく、何かあったらまずかかりつけ医に相談する。医者も自分の患者という意識があり、互いの信頼関係で成り立っている。

また、ドクターヘリや高速道路開通などの環境整備の充実もあり、大きな病院への搬送も可能になっている。その結果、北勢と東紀州との間で実質の医療に差はなくなってきているといえる。

どこでも同じレベルの医療を受けられるように、県医師会として地道な活動を重ねて努力していきたい。

〈略歴〉昭和二十年生まれ、桑名市在住。六十一年医療法人財団青木会青木記念病院理事長就任。平成二十四年公益社団法人三重県医師会会長、公益社団法人日本医師会理事就任。

「伊勢新聞」
（平成26年3月18日）

アジア太平洋州医師会連合（平成 17 年 6 月、ソウル）にて講演
「日本における医療保険の現況について」

第 105 回日本外科学会定期学術集会にて講演
「日本医療機能評価機構の立場から」

自見はなこ氏の三重県総決起大会にて

田村憲久元厚生労働大臣

政治が大事と思っています

山本さちこ参議院議員の応援演説
街宣車の上で

全国学校保健・学校医大会で鈴木英敬知事のあいさつ（平成 28 年 11 月）

自見はなこ、山本さちこ両氏を応援

山本さちこ氏参院選応援演説

杉山英夫先生
旭丘203担任、のち愛知県立丹羽高校校長、享栄高校校長

恩師たち

小池明彦先生
がんセンター病院研修医時代の恩師
のち、愛知医科大学第一外科教授

岩月舜三郎先生
「生前葬」医学院釈舜法
ピッツバーグ大学教授

恩師たち

山本貞博先生　愛知医科大学第一外科教授

植松治雄先生　日本医師会会長

山本器先生（三重県医師会会長）と著者

一　終戦の年に生まれて

私は昭和二〇年（一九四五年）一二月一二日に生まれています。第二次大戦が終戦を迎えた年です。令和四年に七七歳を迎えました。先日テレビ番組で昭和二〇年を中心として、その前七七年とその後の七七年を対比した番組を放送していました。昭和二〇年から七七年遡ると明治維新の年です。昭和二〇年から後の七七年は令和四年です。日本は明治から昭和二〇年まで富国強兵に励んで、その結果が昭和二〇年の敗戦です。戦後は兵を捨て、経済重視の七七年でした。終戦を境に対照的な七七年でした。今年二〇二三年（令和五年）から七七年経つと二一〇〇年になります。二二世紀です。次の七七年の日本、これまでのような経済成長が望めるわけではなく、ロシア、中国等の影響を受け、軍

青木大二郎一家　奈良若草山にて　左端著者

事拡張強化にどこまで意を注ぐのか、また近隣国との関係も米国一辺倒からどう舵を切るのか、大きな転換点でしょう。昭和二〇年に生を受けたことに因縁を感じます。

父方は祖父、父、ともに医者でした。小さいころ父親に「なぜ医者になった？」と聞いたら、崇高な話はまったくなく、「医者になれば一兵卒を経験せずに済んだからだ」と聞き、昭和一六年卒業で即戦場へ赴かざるを得なかった年代を実感しました。

私の父方では何代にもわたってその生

活環境が浄土真宗高田派のなかにありました。つまり、父の出身地、津市一身田は真宗高田派の本山の城下町です。しかも生活拠点は高田本山専修寺《せんじゅじ》の隣地でした。しかし祖父、父、おじ、おば、どの人をみても宗教のにおいを感じません。私が最も高田に興味をもっているのではないかと思うくらいです。

私は七~八歳になるまでのことについてほぼ記憶がありません。母が「お前は不登校児で困った」と言いました、私には病識がありません。母は近所の一年上の松田慧君が誘って学校へ連れていってくれたので助かったとも言いました。もちろん記憶にありません。今はその男をつれだしてスコアーなしの月一ゴルフを楽しんでいます。学校ではいじめから私を守ってくれた女の子がいたそうで、その名は川瀬寿子さん。これも長じて同級生から聞き、さもありなんと納得、今も往時のことに感謝の意を表しています。が、記憶はありません。私は小学一年の途中で鈴鹿から桑名へ転入していますし、間違いないことなのでしょう。ひと昔前、小学校の同窓会で担任の先生についてこうだった、あーだったと話が出ましたが、小学一～二年の頃の話は私には「神話」の世界でした。

小学生時代の私は目立った子供でもなく、学業も平々凡々、ただリーダーシップを取るべく発言、行動はしていたようです。後年同窓会で、「自転車に乗っていた青木君はうらやましかった」、「弁当にいつも目玉焼の入っていた青木君はうらやましかった」の大合唱で、そんなことにも気づかなかった我が身に恥入るばかりでした。

松田慧君と

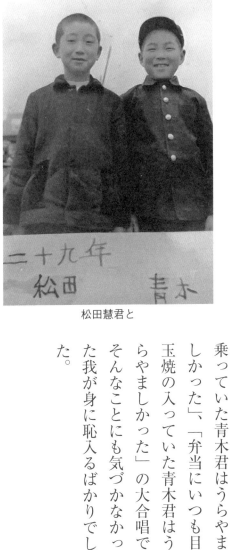

二　伊勢湾台風が私をつくった

地元公立中学に入ったのは昭和三三年です。まだまだ終戦のにおいが残っていた時代でした。一年生の担任教師は、浜松工業高校出身で、戦前戦中、満州で馬賊であったと聞きおよぶ先生でした。子供心にも一味も二味も違う話し方、考え方でありました。先生の独断で生徒をランク付けする。人間には高貴な人、卑賤な民がある。そしてなぜか英語で lawyer, diplomat, doctor になってこそ価値ある人間であるという調子。親の職業のおかげか、見込みの良かった私は入学早々先生から室長に指名され、以来三年間室長でありつづけました。特に三年生の時はいつも満票、自分も自分の名を書きました。私はこの「馬賊」の先生、旧満州において馬賊に対抗する日本人自衛団組織に属していたと思っています。この先生は多度町最深部の辺鄙な地にある古美小学校の片隅に間借りして生活されており、後年、私の診療に来られました。肝硬変（アルコール性）で腹水があるので、酒を止める必要があると話すと、「酒を飲んで死ねば本望、やめるつもりはない」と言われました。それ以降私は患者さんに「酒を飲むな」とは言わなくなりました。人それぞれ己の考えがあり、医療が長寿だけを求めるのは間違いだと思うようになりました。けれど何色にも染まっていない私には、馬賊教師の思想、思考が人生最初の体験であり、この年になっても記憶しているところからしても私のその後に影響を与えていると思っています。

中学二年生の時、伊勢湾台風を経験しました。この体験は強烈でした。ちょうど人格や考え方が形成される年頃でもあり、また台風後の私の見違えるほどの成長ぶりは、自分のことでありながら、自分でも驚いています。

昭和三四年九月二六日夕刻伊勢湾台風が襲来しました。和歌山県潮岬に九四

中学校の集会で

五mbの台風が上陸し、三重県や愛知県も大きな被害（死者約五千人）が出ました。

私は小学校五年の頃からNHK第二放送の気象情報「南鳥島北緯二四度一七分東経一五三度五九分晴、南の風、風力二気圧九八〇mb……」というのを聞きながら天気図をつける趣味があったので、台風が南海上にあるときから気圧が低い、この台風は大きいぞとは思いましたが、どんな被害が出るかなどは考えが及びませんでした。

当時父は有床診療所を営んでいました。診療棟は木造二階建てで私宅とは一階で連結されていましたので、屋内で行き来ができる構造でした。中学二年でも、体は並の大人くらいあった私は台風到来時は診療所にいました。段々に風雨が強くなり、病室であった診療所の二階東南角の部屋では強風に木製の窓がしなって、窓が破られそうになり畳を窓に押さえつけ、そこに体を押しつけて窓を破られまいと必死でした。「窓を破られた時には北側の窓を開放しろ」と言った患者さんがいました。強風が来ると南側軒先部分の屋根瓦がその屋根の傾斜にそって軒先から順にドウーッとめくり上がり、風が通り過ぎるとバタバタ－ッと順に着地してくる、そんなことが強風のたびにくり返され、恐い思いをしました。それも弱くなり間があいて、あ－なんとか、と思った頃、床下に水が湧いてきて、玄関から外に出て状況を把握しようとしましたが、その間もなく、さな板（すのこ）、畳がプカプカ浮いて腰の高さを越してきました。同時に、患者を上げろという父の号令の下、一階にいた患者さんを二階にかついで上げました。そうしている間に一階の天井下一ｍくらいまで水位が上がってきて、この時はじめて恐怖を覚えました。この先どうなるんだろうなど頭をかすめました。次に病棟の二階の窓から隣の家の屋根にさな板を渡しそちらへの脱出経路をつくりました。隣家の屋根の上からさらに避難するところはなかったので、これがどれだけの意味があったのか疑問です。しかし幸いなことにここで水位の上昇はなくなりました。この間せいぜい二〜三時間のことだったはずですが、無我夢中でした。そのあと一夜をどのように過ごしたか記憶はありません。

台風翌朝から水に浸かった家、診療所、病棟や家財道具の水洗い、捨てるもの、残すものの選択をしつつ掃除、整理など朝から晩まで文字通り寝食を忘れて働きました。台風から一週間くらい経つと水も随分引きました。昔、不登校児の私を学校に連れていってくれた近所の連れと二人して、流木で筏《いかだ》を作り、未だ水の引いていない田んぼや近くの鋳物工場のバリ捨て場であった小池で遊びました。

学校が未だ休みだったある日、父親が「運転手を連れて母の里御薗村へ米の買い出しに行って来い」と言い、随分緊張しました。結局交通事情などで実現しませんでした。この際、「米が要《い》る」は現実の切実な問題として認識できました。どこに行ってどう交渉してどう運ぶかなど方途を考えました。同時に「父親の私をみる目」が変わったと感じました。

家業は診療所が水に浸かって医業に役立たないなか、父親は被害の大きかった木曽岬《きそざき》町へ、また桑名市地蔵へ、そして遺体の集められた桑名市立図書館へ出かけて検案をしていました。私が通学している中学校の校庭に米軍の大きなヘリコプターが巨大な箱を吊り下げて発着するのを目にしました。中には図書館に安置する遺体が収容されていました。この光景をみて「恐ろしい」ではなく、米軍の圧倒的な力を感じました。それは朝鮮戦争のとき、編隊を組んで上空を飛来した米軍の双胴の軍用機を見た時と似た思いでした。伊勢湾台風が今日の私に大きな影響を与えました。いや、伊勢湾台風が私をつくってくれました。

伊勢湾台風は明治以降で最大の被害をもたらした台風でした。伊勢湾深部で三・五五ｍの高潮、最大瞬間風速七五ｍ／秒そして五〇九八名の死者、名古屋港区南区〜鍋田干拓あたりでは貯木が流れ出し、家屋等を破壊したことが被害を大きくしてしまったなど、後で知りました。桑名にも海抜0メートルの地はいくつもあります。貯木場もありました。私は昭和六一年に父が開業していた地に病院を建設しましたが、伊勢湾台風での水位を意識して建てました。このため病院玄関は病院であるにもかかわらず数段の階段やスロープがあります。

近鉄名古屋本線は台風で運休の間に狭軌から広軌にレール幅を拡張する工事をおこなっています。これにより名古屋―大阪間で乗り換えの必要がなくなり、安全性、利便性が向上しています。禍を転じて福となす千載一遇のチャンス。私にとって身近の大きな教訓です。

伊勢湾台風は、中学時代を通じて最大の出来事、そして明らかに私の人生に大きな影響を与えました。昭和三四年の暮には学校へ通っていましたのでせいぜい一カ月余の経験でした。濃い一カ月でありました。

中学三年生の担任の先生は大学を卒業して二、三年の若い先生でした。生徒の自主性を重んじ、よく話を聞き、洞察力も優れた先生で、私も友達のように気軽に会話ができました。台風のあと、それまで以上に勉学がおろそかになっていたのですが、三年になった頃から優秀な成績をとるようになり、毎月あった地元中学での学力テストはなぜか一番ばかり、成績表は美術を除いてオール五となりました。美術の岩谷先生はテストはいくら満点でもこんな下手な絵を描いていては「五はやれん」と言って、三でした。私としては妙に正しいなと納得していました、しかし高校入試のとき、担任の先生が内申書はオール五で書いてくれたようです。私に耳打ちしてくれました。旭丘高校はオール五の生徒ばかりが受験するそうだからと言いながら。三年生になって、見違えるように成績も良くなり、同級の無頼の生徒たちとの対決にも腕力で勝ち、同じクラ

級友を名大病院に見舞う

スで脳腫瘍を発症した同級生をクラスの大多数を引率して名大病院に見舞うなど、私は指導的立場の似合う、立派な室長になっていました。今思うと伊勢湾台風が成した結果です。当時もちろんそんな自覚はなかったけれど。

三年生の夏休み、名古屋に住まう母のおばが中部統一テストを受けてみなさいと勧めてくれました。夏休みの終わり頃、名古屋へ出かけて中統模試を受けました。志望校を書く欄があり、愛知県の事情がわかっていない私は、隣席の生徒に、愛知県でトップの学校は何というのと質問して、「旭丘高校」と記しました。そのテスト、できなかったとは思わなかったのですが、結果が来てびっくり、旭丘高校の合格ボーダーラインには遠く及ばぬ位置でした。驚愕しました。井の中の蛙でした。その後自分で計画し、工夫して、勉強するようになりました。手元に一一月一六日におこなわれた中統テストの結果表と自分の点数があります。模試の成績表を六〇年も保存しているのもどうかと思いますが、桑名で生まれ桑名で育ち桑名から離れたことのないネイティブだから持っていられたし、当時それだけ必死だった証左でもあるのでしょう。一一月一六日の模試の結果は二一八点五〇二番です。合格のボーダーラインは二二一点、四六八番に引いてあります。まだ三点足りなかった。それでもようやく追いついてきたとうれしかった。中三後半は学校では優等生の室長として、家に帰れば「勉強」の生活でした。

三　旭丘高校で広い世界を知りました

入学試験に合格するか心配した覚えはありません。滑り止めとして受験した三重県のある私学には合格しましたが、なぜか「この学校はやめた」と思いました。だから旭丘に入学するしかないと思っていました。合格は大きな喜びでした。

入学して一年五組と発表されて入った教室は校舎の端で薄汚なく寂し気で、暗い印象でした。周囲を見まわすと坊主頭は私とあと数人、だれ一人知った生徒がいるわけではなく話しかけるのもはばかられる状況、そして付中、富士中、前津中、城山中等の出身者は出身校別にお互い旧知の間柄で緊張した様子もない。学区外から入った私は場違いな感じがしてこのような環境でやっていけるのか不安であり、また孤独を感じました。

一年生、成績表が渡された前期末の日、席に座って成績表をみていたら「青木みせてみろ」と背後から高井健弎君の低音がかかり、持っていた成績表を取り上げ、しばしながめ、私に返しながら、「今いちだな」。このことは今も忘れません。私を気づかってくれていると感じました。しかもそれが同じクラスでも秀でていた高井君であったこともあり、このあと同級生の間にとけ込んでいけるようになりました。劣等感もなくなっていきました。

二年生になり新しいクラスになって、学校生活は格段に楽しくなりました。一年生時の不安感もなく、三年生の大学受験が大きく視野に入ってくる時期でもありません。さらに生徒の尊厳を最高に重んじ、生徒を信用して自由に活動させてくれた担任の杉山英夫先生、あたたかみを感じる先生でした。そして何より個性豊かな生徒が多く集まってお互いが相手の個性を尊び評価しあえたことから、楽しい一年間を経験できたのだと思っています。（以下しばらく敬称略）

朝のホームルームの短時間、大橋新太郎のリードで全員合唱し、時に彼の松島音頭の独唱に聞きほれ、そのあと野浪正毅級長のどことなく浮いた指示を聞いて授業に入る。クラスで議論をするのもいつものことで、何のテーマだったか、私が「日本は原爆をもつべき」と発言したら木下弓子女史はじめ皆にぐうの音も出ないまでに押し込められ、へこんだ私でした。

高校三年間同じクラスで過ごした安江省吾、剣道の授業で毎時間対戦し、毎度コテを取られ痛い思いをさせられました。反射神経のわずかの差がなんで桁違いの痛さになるのか。夏の暑い日、千種警察署近くの高級住宅街の彼の家に招待をうけ、二階で半割のスイカに窪みをつけ、ブランデーを注いで馳走にあずかり、安江兄には麻雀を教えてもらいました。ゆとりある、品のいい生活に触れることができました。

石原裕次郎というにふさわしい山田力さん。宮崎建、ヒョウヒョウとして洞察力のするどい人格者ニヒルを粧《よそお》う。奥村忠彦、よく話をした相手で物の見方、考え方が私とほぼ同じで、頭の程度も私と同じくらいだと思うけれど、テストはいつも私より点数が上、どういうやり方で勉強するのかしつこく問うて、「鉛筆と赤鉛筆の二本を持って学習する」に究極があると悟り、それを実行、だけど差は埋まらず。片出淳子さん、北川幸枝さん、坂美保さん、女性とも普通に口がきけ、身の上話も聞かせてもらいそれぞれに違うバックグラウンドをもっていることも知りました。

勉強になったと言えば高井健弎。その名の弎の如く私には高尚な言葉の意味が解せず、しかし含蓄のある言葉、理解しようと考えましたが到底無理。言われる通り「そうなんだ」と思ってしまうのが良いと悟りました。この私の頭は今も変わりません。六〇年も同じ尊敬の念をもちつづける、私もたいしたものではありませんか。

高尚な言葉と言えば酒井建美、「葦の会」と名づけた、難解な本を読む勉強会をもち、長じて今は大江健三郎、三島由紀夫、川端康成、村上春樹等の外国

修学旅行の宿泊先で

での版権を仕切っているようで、大江健三郎のノーベル賞授賞式での酒井のタキシード姿は今でも頭に残っています。村上春樹だけがノーベル賞に縁がないこと、東京での集まりでは級友皆で残念がっています。
後日三年の夏休み、高井健弐、鈴木章八は交換留学（ＡＦＳ）で渡米しました。章八は特有のキャラと押しの強さが魅力の同級生でした。章八なき今でも「青木何しとる」と聞こえてきます。学校祭ではその準備に夜遅くまで残り、話もはずみましたが、夜遅く名古屋から桑名への近鉄電車に乗ると、まわりは中年の酔っ払いばかり、教室

準急「比叡」車中で合唱

のなかと電車のなか、なぜか著しい落差を感じました。

高二の終わり、修学旅行は三泊四日で安芸の宮島、屋島、栗林《りつりん》公園、姫路城をまわっています。雨の栗林公園で背景の山に雲がかかって幻想的でした、後年栗林公園へは十回以上出かけています。貸し切り状態の帰りの国鉄準急「比叡」の車中、クラス皆でずーっと合唱していました。車中の合唱は楽しかった。二年生一年間の最終幕だったように思えます。

三年生になると、だれしも大学受験が目前になって受験勉強が大きな比重を占めていま

学校祭　馬上は鈴木章八

した。二年生後期で生徒会長を務めた高井健弍君が生徒会、クラブ活動、学習等人間形成に役立つことに無関心であることとなれとして「無関心を切る」をその方針に掲げましたが、現実は皆が受験勉強で自分の殻にとじこもっていた一年間だったとふり返ります。一言でいえばつまらぬ日々でした。私は進学して法学部で勉強したい気持ちがありましたが、医学部進学は既定路線でした。旭丘の教育方針だったかどうかわかりませんが医学部受験の必修科目は二年生までクリアーされていて、新たに勉強する科目もなかったので、よく県立図書館へ行っていました。過去問に取り組みながら気が乗らない自分に嫌気がさしていました。高校三年生のとき、学外での模擬試験を受けた記憶がありません。学内テストだけで判断していたのでしょうか。名古屋大学の医学部なら間違いなく合格と思っていましたが、三年の終わり頃には危ない成績になっていました。

旭丘高校の三年間は個性豊かな仲間と交わることができ、頭脳構造が自分とはまったく違うと思われる人がいるのを知り、その人たちとも親しく話し合え、何事につけ努力して一歩でも伸びようとする気持ちの大事さを知りました。仲間に恵まれた三年間でした。

高校を卒業して六〇年経ちます。往時の二年三組の同級生にも帰らぬ人がでてきました。私はこの年になっても率先して幹事となり、クラス会を開催しています。いつも多くの参加者があり楽しい一刻を過ごしています。また高井君が中心となって数ヶ月に一度東京で集まりをもっています。集まった人の話を聞いているだけで心やすらぎます。

卒業して周囲の者だれもが思っていたように名古屋大学医学部を受験しました。私の受験番号は六〇〇三番でした。名大教養部の大きい階段教室の黒板に向かって左端の前から三列目の席でした。六〇〇〇は医学部、三は氏名のアイウエオ順で三番とわかりました。数学の試験、開始合図前に表紙を開けないようにと注意があり、前列の六〇〇一番から順に問題が机上に置かれていきました。表紙を通して問題が透けて読めてしまいます。表紙を開けてはならんとは聞いたが表紙を見るなとは言われなかった。一問目、テストが始まる前に答えが出た。合格しました。

四　名古屋大学医学部に入学しました

百名の入学生、「医者になるのは方便で本当は物書きになる」という人、北杜夫志望がいるんだと思いました。ビートルズ狂いもいました。その熱狂ぶりは私の世界にはなかったので注目。私は旭丘高校出身で医学部入学生に一〇名以上級友がいて、高等学校に入学したときのような孤独感はまったくなく、感じたのは医学部同級生は旭丘とは違って個性に乏しく、おとなしくて、破天荒な輩は一人もいないと思いました。職業学校に入ったのかとも感じました。また授業内容も六年課程のなかで最初の二年が教養部でしたが、独語くらいが目新しいだけで、それ以外は高等学校の延長授業でした。その昔の愛知一中、八高もこんな風だったのかしらと思いながら、八事にある教養部の教室から代返の依頼をしつつ足が遠のきました。とは言っても試験はクリアーせねばならず、同級生間のコネ、義理づくりに心掛ける事態になりました。

教養部に興味を感じないのと正反対にラグビーをやってみたいとの思いが強く、名大のラグビー部に入りました。実は高校時代もラグビーをやりたかったのですが、恥ずかしながらラグビーをやりながらの受験を思うと引っ込み思案になり、大学に入ってからでいいやと思っていました。私は肥満体です。しかし中学時一〇〇m一四秒台、徒競走は一番か二番、これが自慢できるのか、吾が知る所に非ず。三重県北勢地区中学生運動競技会の砲丸投げで優勝し県大会に出ています。もう一つ黙っていたことを打ち明けると高校二年の学校祭、リレーの選手として走ってみたかった、だれも推薦してくれなかった。吾れ知る身の程知らず。そんなこともありラグビーという全身を極限まで使う紳士のスポーツを、しかもフォワードという縁の下の仕事を、地味にやってみたいと思っていました。八事の運動場で、毎日反吐が出るほど頑張りました。五月名大祭、練習後、豊田講堂の前の芝生で飲んだ生ビールが旨かった。

ラグビーを始めて、望み通り四番ロックとして一軍半くらいに成長した二年生のはじめ、中京大学との練習試合で腰椎々間板ヘルニアを発症しました。急性期が過ぎても痛みが強くて全力で走るのもならず、かといってラグビーを諦めるのも残念で中途半端な状態を続けてしまいました。後年術者として手術に

名大医学部ラグビー

入っているとき自身の腰背部に千本の針が同時に刺さったと感じるような痛みが出たりして困りました。結局全学でのラグビーは続けられなくて、医学部ラグビーでお茶をにごす結末になりました。

当時医学部ラグビー部は試合になると一五名の員数が足りず、陸上部、サッカー、柔道部などから応急ラグビー部員を募集してなんとか試合を成立させていました。

そんなラグビー部ですから、すぐキャプテンでした。キャプテンの仕事も強いチームを作ることではなくなんとか試合を成立させるための人集めでした。誉め

西医体で関西医科大学と対戦
著者のポジションはロックの４番。写真のラインアウト２番は著者

て、なだめて、引っぱり込む私の原型はこのあたりにあった気がします。

教養部二年間が終わり鶴舞の医学部に移りました。新たに山野を拓いて建築したばかりの八事より鶴舞の医学部は落ちついた雰囲気があり、図書館、鶴友会館など戦前の面影を残す建物も趣がありました。医学部一年目のある日、解剖の実習中、二年先輩から呼び出されました。用件は二年後の西日本医科学生体育大会が東海ブロック主管で開催され、名古屋大学医学部が運営にあたることになっている。お前たちがその任にあたれということでした。大島伸一、加藤信夫そして私にです。それぞれサッカー部、バレー部、ラグビー部の主将でした。このあと二年間、西日本医科学生体育大会の主催運営に集中しつつ、父青木大二郎が中心人物であった名大医学部黒い霧事件、当時の学生紛争に影響を受けながらの生活でした。

五　西日本医科学生体育大会を主管しました

西日本医科学生体育大会（西医体）は、名古屋・金沢以西を五つのブロック（東海、京都、大阪、中四国、九州）に分けて年に一度持ちまわりで開催している医学生の運動大会です。当時競技種目は二二、参加者約千名、一週間にわたり開催していました。先述したように、二年も前に先輩から名大が主催運営すると告げられていて、大島、加藤、青木の三人の間で、「やるしかないな」との合意のうえ評議員会議長加藤信夫、運営委員長青木重孝、競技委員長大島伸一とそれぞれ役割分担を決めました。大筋はこの三人で決めながらも実行するにはより多くの人が必要で、総務、宿泊、各競技責任者、広報、プログラム委員、会計等、同級生と下級生の間で役割分担をしました。その数三〇名余、さらに医学部全体の協力も不可欠で、医学部長、病院長などからバックアップをいただきながら、ちょうどその頃、名古屋大学が主催した日本外科学会の事務所を借りうけ、準備を進めました。

資金集めも大事で、薬品会社や医療機器会社に広告代や協賛金を出してもらうよう医学部の教授を通してお願いしました。後日ある教授が「薬屋に口をきいた以上俺もせねばならんことができたということだぞ」と教えてくれました。

何年経っても変わらぬ構図。名古屋大学が主管した二十回大会の前年は九州ブロック鹿児島大学が担当でした。事務引き継ぎ等のため、数回、数人で鹿児島へ夜汽車で出かけました。夜行列車に情緒を覚えました。また前年のラグ

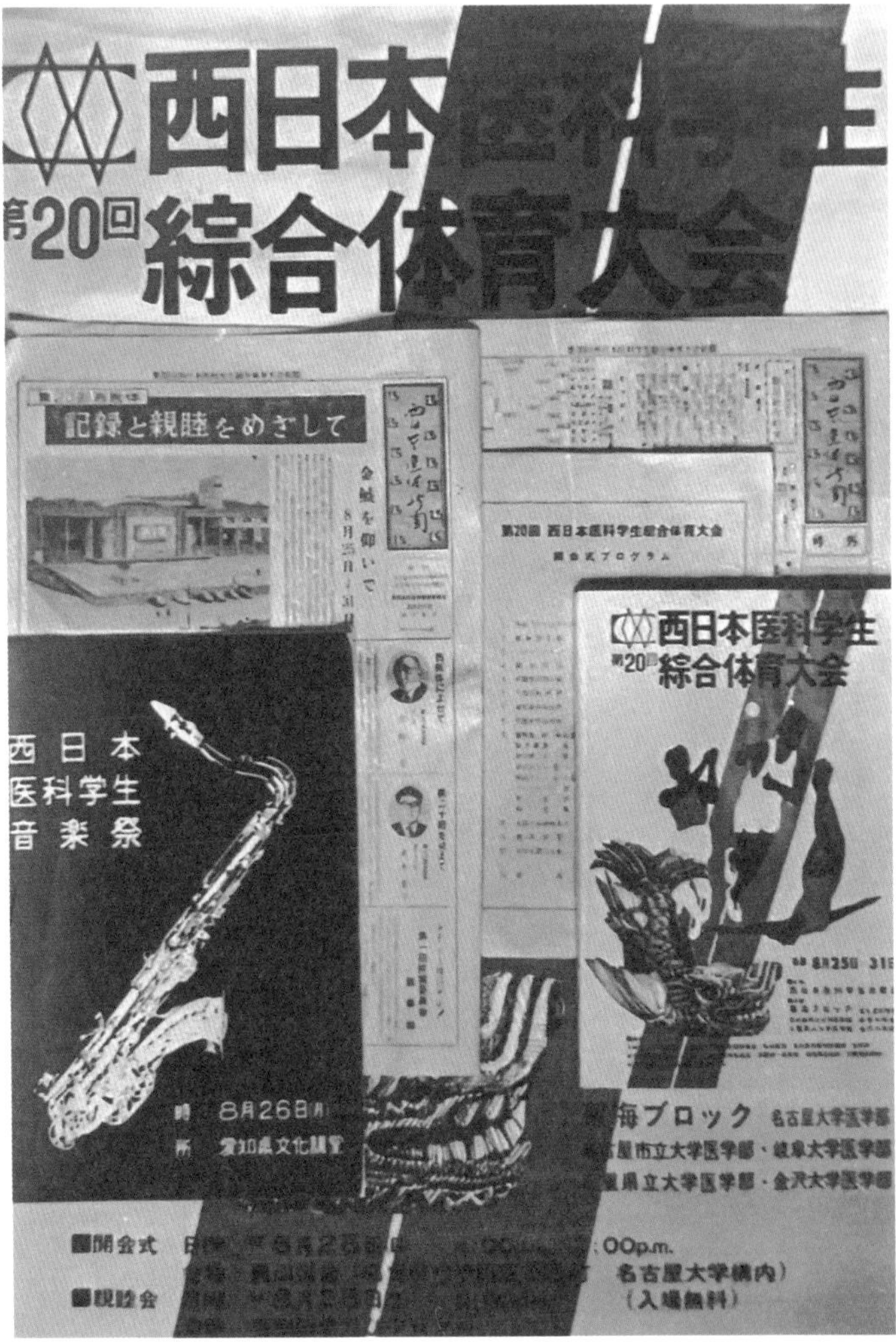

西日本医科学生総合体育大会

ビー種目は久留米大学で開催されていて、のちの日本医師会会長横倉義武氏がキャプテンを務めておられました。同じキャプテン同士、このとき知り合いになりました。残念なことに試合は負けました。

私の学生時代はいわゆる学園紛争の時代でした。東大、日大等大学闘争が盛んでした。名古屋大学は共産党系の民青が多く、医学部の同学年でも学生の二〇～三〇％くらいが民主青年同盟員であった印象です。私も何回かオルグを経験しました。しかし、民青の話を聞くたびに距離を置くようになり、ついには民青的しゃべりをする人には嫌悪感さえ覚えるようになりました。一様に自分の言葉で話せてないと感じました。三派全学連の連中は極めて少数でありましたが好感がもてました、純粋を感じました。学生運動という学生の要望、考え方を表現し運動する場を、好き嫌いで論ずるのは間違いですが、私の対処の仕方は間違いだったとは思っていません。

西医体の準備は二年かけておこなったのですが学生紛争盛んな時であり、共に西医体の仕事を進めてくれる同級生は学生運動とは縁のなさそうな人たちになっていました。

西医体開催には大事なくこぎつけました。しかし開催中のハプニングで今でも鮮明に記憶している事柄があります。金沢大学と大阪医大のサッカーの試合で、主審の会場への到着が遅れたため、競技の世話をしていた名古屋大学のサッカー部員が飛び出し、笛を吹いてその試合を仕切ってしまいました。後日負けたチームからクレームがでました、当然です。私共三名（加藤、大島、青木）は謝りにその宿へ出向きました。現存はしませんが、旧中村遊郭にあった宿舎でした、怒る部員に平謝りにあやまりました。三人そろって畳に額をすりつけ、謝りましたが、許してはいただけず、西医体の決定機関である評議員会を開催して事情を説明し裁定を待ちました。もめる会議を仕切ってくれたのが九州大学の評議員で、子分どもに運転させ、キャデラックで名古屋入りした自見庄三郎（元郵政大臣）でした。「仲間が善意でやったことといつまでもつべこ

西日本医科学生総合体育大会の運営委員会本部前で

べ言うな」。

大会は会期中雨にふられつづけた印象です。加藤が名古屋気象台で調べてきた、「雨は降らない八月末」に開催したのに。西医体の運営について当時の流行語「総括」するならば特長、斬新さに乏しい常識的な大会運営でありました。その中で加藤信夫が名古屋で開催する以上、自分が主将を務めるバレー部の優勝はもちろん、名古屋大学が総合優勝しなければいけん、と言っていたのは印象に残っています。東京オリンピックだから日本は数多くのメダル獲得をという流れと同じ発想。運営を担当する側は試合に勝つことより、お越しいただいた他地区の皆さんに、より試合に集中できる、そして印象に残る開催地であったと思っていただけるよう努力する。いわゆるおもてなしが優先されるべきなのでしょう。しかし両立する話でもあります。この大会、名大医学部で唯一優勝した種目は加藤率いるバレーボールでした。

私は西医体運営委員長を経験して、少し顔が売れました。のちに日本医師会役員を務めた時それを実感しました。また大島や加藤とは物言わずともお互いの考えていることがわかるようになりました。最も大きかったのは、この仕事に集中したおかげで名大黒い霧事件の余波を吹き飛ばせたこと、また医師になってからの病院構築そして医師会活動の呼吸の仕方を学んだように思います。

西医体が終わり九月から臨床系の授業も再開していました。半年後の昭和四四年二月には黒い霧事件でダメージをうけた父親が亡くなりました。

六　名大黒い霧事件

昭和四一〜四二年頃名古屋大学医学部黒い霧事件と名づけられた、一大騒動がありました。父青木大二郎が学外者であるにもかかわらず、名大医学部の教授人事に介入し、大学を思うがままに操っている。これはけしからん、あってはならぬこと。という趣旨で当時の小笠原医学部長一派の教授たちが非難を浴び、さらにこの動きに、名大では当時の大学闘争が結びつき、学内にバリケードが築かれ、小笠原一派の講義はボイコットされ、名大医学部が歴史上類をみない、荒廃した状況になりました。新聞各紙三面記事でデカデカと取り上げられもした騒動で、青木大二郎は学外者であるにもかかわらず小笠原一派と結びつき指導した、悪の権化とまで言われた事件です。この騒動は小児科の教授選考に伴って拡大し爆発しました。

当時学部の一～二年生だった私は、結構冷静にこの事件の成り行きを見ていました。私は自宅から通学しており父親が何を感じ、考えているかそしてどう行動しているか、一部始終を見ておりました。また大学では騒動の中心人物の言動に直接触れるのは難しかったものの怪文書、アジテート文書は目にしており、学生運動、特に多数派であった民青系と少数派の三派全学連の動きも、おおよそ知る

熱論、表情もぐったり
名大医学部の全教授辞表提出
延々十時間に及ぶ
“これからが問題”
まだかなりの時間
上市はくつがえらぬ
全員辞表はおかしい
提出の真意わからぬ
犬にかまれ幼女重傷

当時の新聞記事

ところでした。授業ボイコット、バリケード封鎖などが意味のない行為だとは思いましたが、その流れに掉さして濁流に飲み込まれても意味がないと感じ、来たるべき東海ブロック主催の西医体（西日本医科学生総合体育大会）の準備、組織づくりに意を注ぎました。

この名古屋大学医学部黒い霧事件、私の見方は以下のようです。小笠原教授は学部長として医学部に外部の血を入れることが肝要だと考え、広く天下に人材を求めました。しかし名大も自校の出身者で、教授たりうる人材が輩出してきた時期であり、自校出身の教授候補者たちが、外部からの教授導入の方向に動いている小笠原一派に対して、危機感をもち、怪文書等騒動に至ったと考えています。このあと東大の安田講堂事件もあったように、学生運動が盛んであった時代背景もこの事件を大きくしています。

父は名古屋大学出身という意識のもと、学部長から話があると徳島、博多、仙台、東京など頻回出かけ、その地の教授等と話をしていました。名大の人材

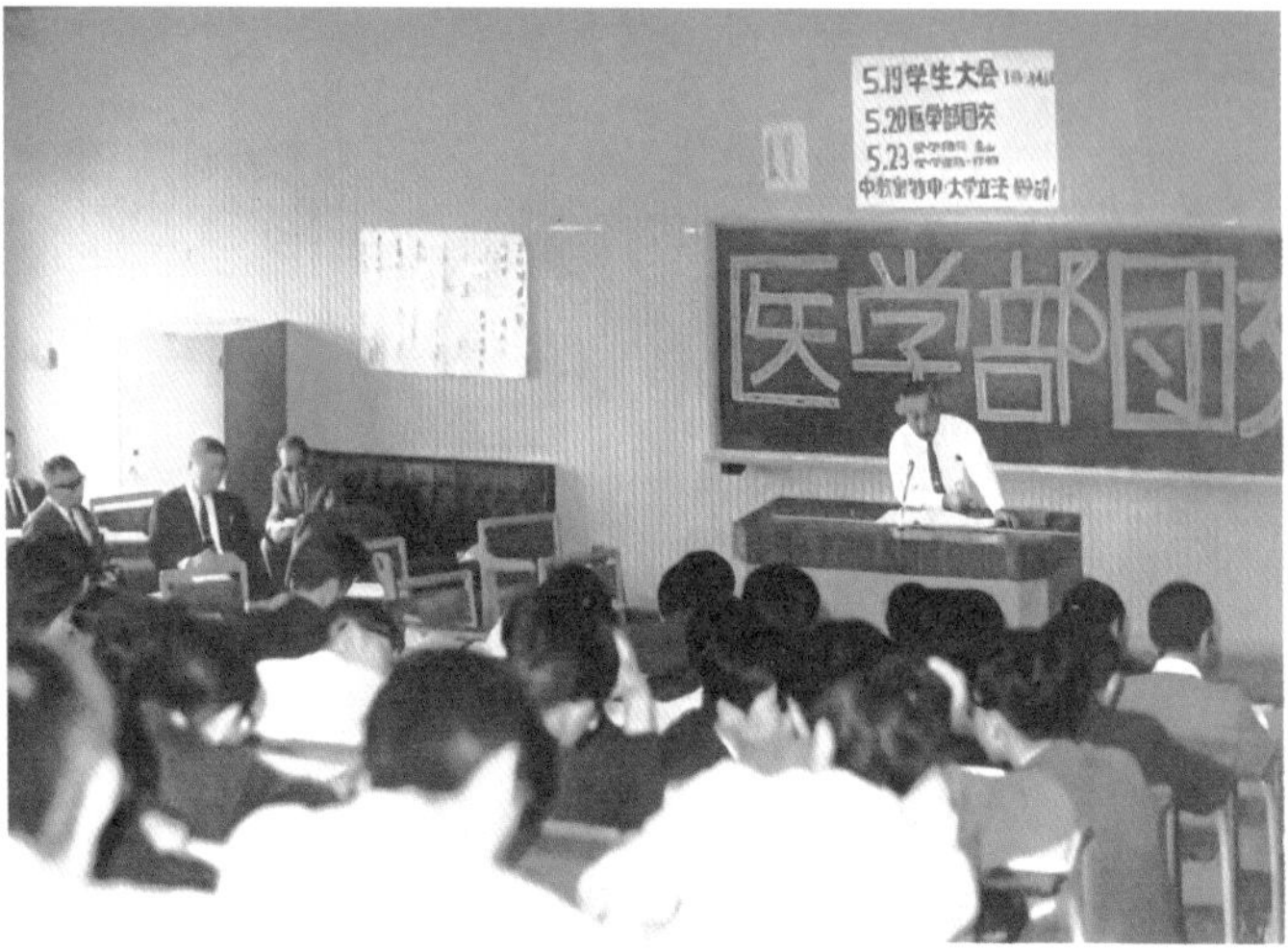

医学部団体交渉、つまり教授つるし上げ

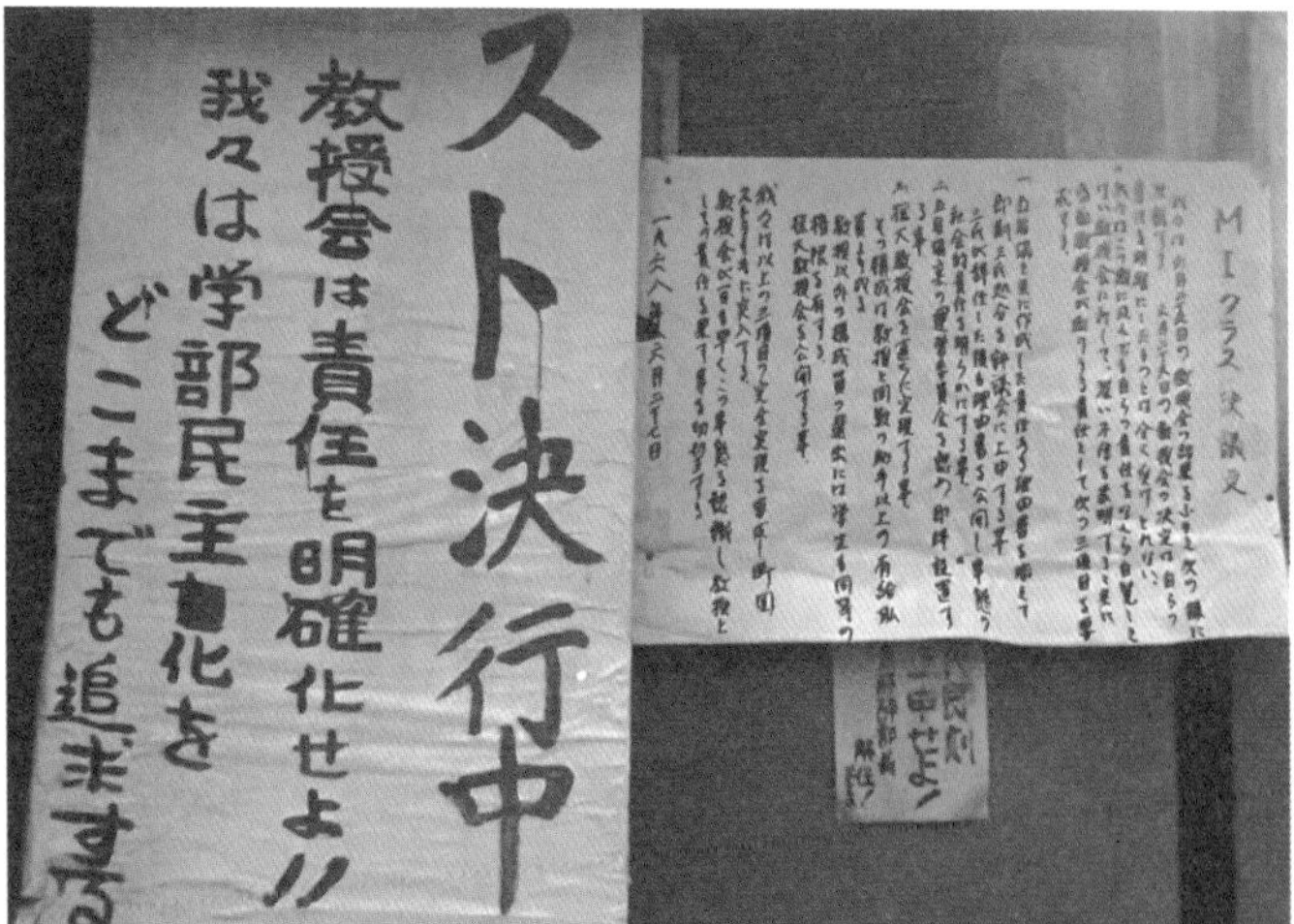

医学部スト決行中、授業はなくなった

を売り込むこともあれば、名大の教授候補となった人の評判を聞いていたのです。父は日本医師会での知人や伝手もあり、候補者がどんな人柄か、教授たりうるかなどの話を聞いて持ち帰っていました。名大医学部の教授選考にあたってより多くの情報を集め、より公正な判断がなされるのは必要であり、私は父親の行動を間違いだとは考えていませんでした。

父がおこなっていた情報収集について、公平性に欠け、主観が入るなど問題があります。この騒動のあと、インパクトファクター、サイテーションファクターが選考に取り入れられ、選考に重要な役割をはたすようになりました。

しかし、この黒い霧事件に至るにはその前段階がありました。父は名大第二外科出身で、第二外科の教授は今永一先生でした。昭和二〇年代桐原教授の次に今永先生が教授となられるに際して、当時第二外科医局員であった父は九大出身の今永先生を名大教授にと、医局内外で運動をしていたようです。さらに今永先生が教授になられた後、第二外科の勢力拡大に意を注ぎ、名大麻酔科初代教授の選考では第二外科医局員である候補者を推して、第二外科出身教授を実現させています。さらに名市大外科の教授選でも同様に、名大第二外科医局員から教授が実現しています。名大対他大学、名大外科にあっても第一外科対第二外科、良く言えば競争、しかし負の勢力争い、ことは善悪だけで判断できることではありません。

黒い霧事件にあって、私が残念だったのは小笠原学部長が開き直っていると思えなかったところです。小笠原一派は天下により良い人材を求めて活動したのであって、そこに金銭が絡んだりはしていません。自分が正しいと思うのであれば一派をまとめ、開き直って居座るべきだったと思っています。人の器量の問題だったのかもしれません。開き直ることができるベースにはくもりのない、そして自信のある自分がなければなりません。ここで父青木大二郎について触れます。

七　父青木大二郎

父青木大二郎は大正五年、津市一身田で開業していた医者青木國三郎の二男として育ちました。勉強のできない腕白坊主であったと、叔母や父の同級生である真宗高田派本山専修寺西院の御院さん玉樹眞梁氏から、父の法事のたびに聞きました。兄の堅太郎が優秀で、津中四修、三高、京大医学部と進んでいますが父は神戸《かんべ》中学、一浪して松江高等学校、名大医学部でした。長じて父と話をするなかで、卑下する父に「それでも名大医学部に入ったんでしょ」と言うと「俺の頃は高等学校卒業したらだれでも入れた、無試験だった」と。

松江高等学校時代は楽しい生活を送っていたようで懐かしかったのでしょう、青木大二郎一家の長距離旅行は、出雲へ出かけることでした。特急「出雲」の一等寝台車に乗って、車掌にチップをはずみ、五人の子供は一床を二人で使い、松江には早朝着いて駅前の食堂でしじみの味噌汁、美味でした。夜は玉造温泉の宿、長楽園の離れに泊まり、大きな露天風呂にびっくり、なぜかなかなか裸になれなかった自分を覚えています。

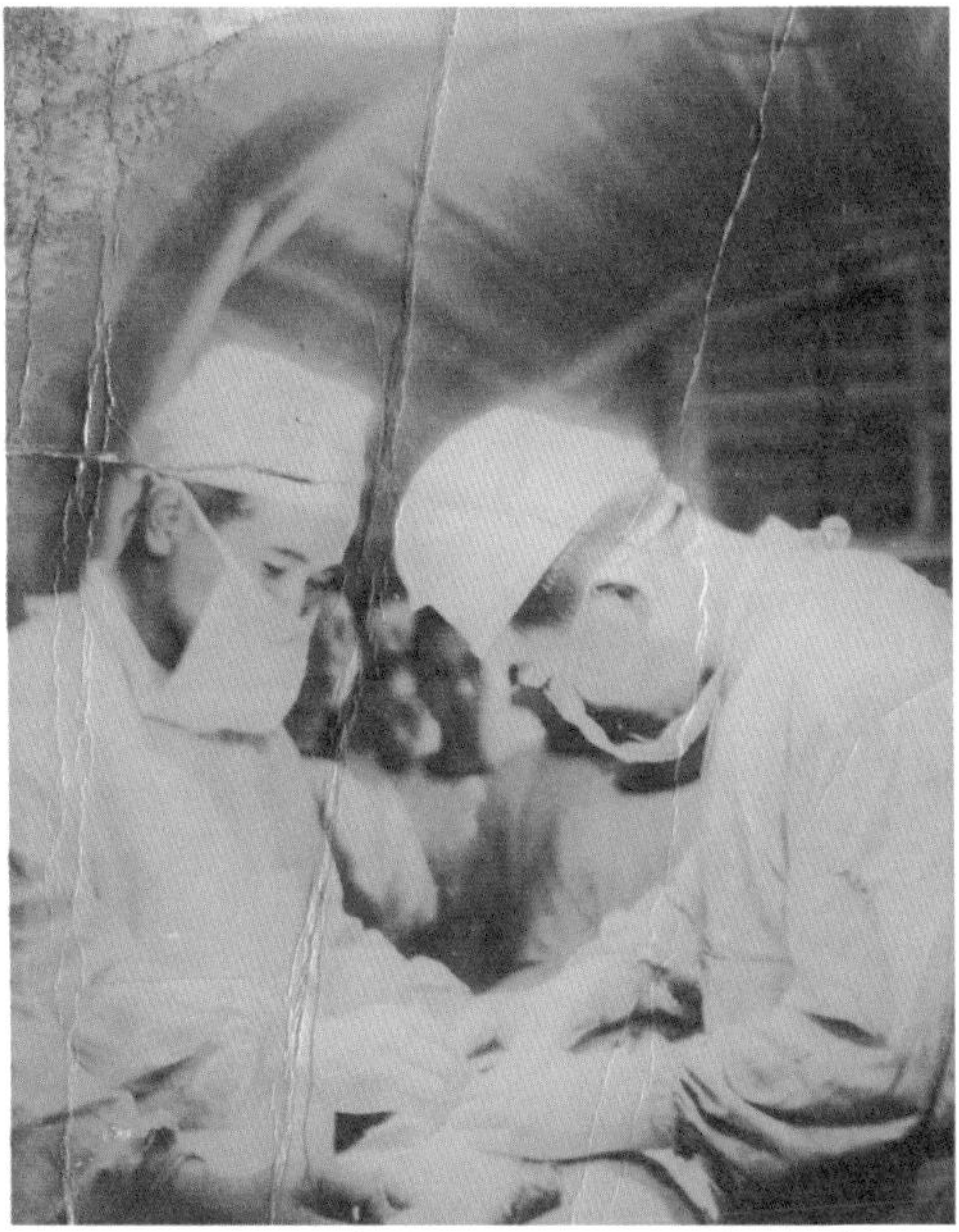
青木大二郎（右）と片岡軍医少佐（左）

先述したように父は名大医学部に入り、卒業は昭和一六年です。満州事変があり、米国との開戦の頃です。卒業と同時に千葉の軍医学校に進んでいます。

半年後海軍に入り、すぐに駆逐艦初霜での任務についています。艦での日常勤務は楽しかっ

青木大二郎（右）と鈴木医大尉（中央）片岡軍医少佐（左）

たようです。なぜなら入隊当初から中尉任官で自分より位の高い人は少なくて、部下の衛生兵などを連れ、寄港する港々で食べ、遊んで過ごせたからとの話でした。シンガポール、基隆《きーるん》、高雄などの話をよく聞かされました。このように楽しく飲み食いした故か父は中華料理が大好きでした。

駆逐艦は五～六隻で一駆逐隊をなし、行動を共にしていたようで、軍医は「俺一人だった」とのこと。「初霜」を旗艦とする駆逐隊はレイテ沖海戦に遭遇

自宅にて（昭和30年）

しています。日本と連合国の間での最大規模の海戦です。

レイテ沖海戦では、父の駆逐隊は自分が乗っていた「初霜」以外すべてが撃沈されたそうで、その時沈んでゆく僚船の兵、負傷兵を自艦に引き揚げ収容し、衛生兵と共に手当をおこなったとの話でした。数多くの負傷兵の処置をおこなうなかで、救命できそうな負傷兵だけをピックアップしたと言っていました。今で言うトリアージになるのでしょう。大二郎は死の床についた頃、「軍医、俺を見捨てたな」と言い死んでいった負傷兵の顔

武見太郎先生（日本医師会会長）が我が家へ。
桑名市民病院の応援に来られた。

が忘れられん、と言っていました。

父は終戦後私が誕生してから医局の派遣人事で海南病院、静岡県島田市の厚生病院などに赴任しています。

私が物心つき父親を評価する年頃になったとき、「細心に物事を運ぶ半面、随分強引なんだなー」と思いましたが、戦火をくぐるなかで「明日の我身がどうなるかわかるものか、考えていてもしょうがない」が身に染みついているのを感じました。このような思いは青木大二郎のおこなっていた活動からも容易に推察できます。

まず医師会活動です。父は桑名医師会会長、三重県医師会副会長、日本医師会代議員を務めていました。地元桑名医師会では桑名市が市民病院を建設しようとしたことに猛烈な反対運動をおこないました。桑名医師会をまとめて保険医総辞退をおこない、市に対してプレッシャーをかけ、同時に市民に迷惑をかけています。保険医総辞退とは、住民が医療機関を受診したとき保険証が有効でなくなる事態です。当時の日本医師会会長武見太郎も応援目的で桑名に入り会員を激励し、また三重大学はじめ近県の大学に対して市民病院への派遣人事をおこなわないよう働きかけました。最終的には市民病院は建設されましたが医師会の圧力で満足な大学派遣人事がおこなわれず、市民病院は沈滞した状況が続きました。

以上述べた医師会の姿勢は現在の社会状況、また今の医療のありようの観点からみると、間違った考え方であり行動です。医師会がまとまってこのような行動に出た時代背景は、大きくとらえれば二つあります。

ひとつは、日本の医療保険制度、特に国民皆保険制度は昭和三六年が出発点で、当時は不完全なものであり開業した医師も生活が苦しかったという実情。第二は医療技術が未発達の時代であったことです。今では一次、二次、三次医療機関と役割分担する必要が肝心だと考えるのが、国民の当たり前の合意事項です。しかし、当時は市民病院設立と聞けば医師会員は強力な競争相手の出現としかとらえていないわけです。それだけ医療技術の発達がなかったとも言えます。つまり高次医療機関ととらえる見方はなかったのです。時代背景を考えれば私は理解できます。

保険医総辞退のなかで二人の会員がスト破り、つまり保険医辞退を辞退しました。たった二人しか落ちこぼれがなかった。当時の医師会がいかに強かったか、いかに貧していたかを物語る事柄です。私も医師会での活動では常に「強い医師会」を念頭においていました。

八　父なきあと

昭和四四年二月一五日、青木大二郎は五二歳で亡くなりました。死因は糖尿病性腎症でした。戦時中戦後の中華料理三昧も一因だとは思いますが、名大の黒い霧事件が大きく影響したと思っています。病床に今永教授の奥様がお見舞くださったとき、「田んぼに鶴が舞い降りた」と喜んでいました。また亡くなる昭和四四年頃には名大分院の腎臓内科に依頼すれば透析を受けられる時代に入っていましたが、私が透析依頼の話をもちかけても、当該教室の某教授は嫌いだ、「世話にはならん」でした。

病床にある父に、人生何時《いつ》が面白かったかと問うたところ、即座に「戦時中」と答え「子供ができてからはつまらなかった」と続きました。

父大二郎が亡くなった時、私は大学卒業が間近でもあり、自身の性格や物の見方、環境が大きく変化したわけではありません。兄弟五人、下に行くほど父の死が大きな影響を与えています。長女信子は金城学院大学、二男敏夫、三男秀茂はそれぞれ旭丘高校三年生と一年生でした。それぞれ年に応じた成長はしておりましたし、事実を冷静に見つめる目も持っていたように思います。父の死後、二男敏夫は早稲田大学に進学しましたが、卒業間近に医者になると言い出し、学資は大丈夫だなと質問し、さらに兄貴の乗っている車をくれと言って徳島大学医学部へ入り後年、内科医となりました。三男秀茂は谷間の子でありましたが体は屈強で、幼少時、自転車に乗った私が伴走させたりして、私が彼を鍛えました。秀茂は東大へ入学でき、なんとか司法試験にも合格して弁護士をしています。長女信子は金城大を出て母親の手伝いをしていました。父は四男の大五を特に可愛がって母や私に「俺は、大五が大人になるまでは生きておれんから」と言い訳をしながら、どこへ行くにも連れていっていました。大五は父の死と共に、殻に閉じこもりはしませんでしたが、無口になりました。後々まで口数が少なくなり、後年医師となっても言葉数が少なく、このことは逆に彼の一言が事を決する場面が度々ありました。また私の矩を踰えることがありませんでした。私と大五、ひとつの財布を分けあって生きてきました。父の早世がもたらしたものだと思っています。大五さんはなんと言うでしょうか。

このようななか、私が家業に入りはじめるまで数年、診療所をやりくりして子供の面倒を見たのは母まきです。

父大二郎が五二歳の若さで亡くなったとき、我が家には借金が一五〇〇万円、貯金も一五〇〇万円ありました。私の下には四人の子供、一番下の大五は中学二年生でした。母と相談して、銀行の長期借入金を今まで通り返済しながら診療所を廃業して、父の残した預金で生活しようとしました。今まで通りの借入金の返済を続ければ、数年は貯金で生活ができ、また私はあと一年二カ月で卒業でした。我が家の貯金を使い果たす時点で私が家業に就けばなんとかなると考えました。

しかしこの方法は銀行から拒否されました。医業をやめるなら全額即返済と言われました。仕方なく毎月赤字覚悟で、細々と医業を続けていく方途をとらざるを得なくなり、母は慣れない大学の医局に日参して、医師派遣を頼んで歩きました。結局今永先生門下であった名古屋市立大学の第一外科永井教授、そして名大第二外科の医局にお世話になることができ、一家離散せずに済みました。しかし貯金は毎月三〇〜四〇万くらい減っていきました。母には来ていただいた先生のお世話、日々の事務仕事、職員の面倒をみるなど大変苦労をかけました。この母の姿をみていたことが、子供たちが父と母の法事を完遂していることにつながっているのでしょう。

私ども一家のように医師一人の医療機関は、大黒柱が倒れると、どうにも立ち行かなくなります。私が個人営業から法人へ、そしてより公益性の高い持分のない法人への道を歩んだ理由のひとつはこのあたりにあります。この非常事態で一部職員の雇用を打ち切ったり、古い職員には賃金カットをのんでもらったりしました。安保闘争が終わり池田首相の所得倍増が始まった頃で、社会には雇用不安がまだ大きい時代でした。そして、黒い霧事件があった直後にもかかわらず、今永門下生が大二郎亡きあとの診療所の面倒をみてくれました。感謝に堪えません。しかし母まきの人柄や熱意も、先生方になんとかしようと思っていただけた要因だと思っています。

九　母まきについて

母まきは津市に隣接する鈴鹿市御薗村の特定郵便局局長、村の鎮守の神主さんの次女として育ち津高等女学校を卒業しています。入学式で答辞を読んだのが自慢でした。

祖父市川博

祖父市川博は早稲田大学を卒業し、私とは違いプレイボーイだったようですが、世界大恐慌の波をかぶり、没落の運命をたどっています。そのうえ第二次大戦後の農地解放が決定的だったようで、私が物心ついた頃は神主さんで、特定郵便局局長さんでした。

祖父にはもう一つの顔がありました。それは三重県弓道連盟初代会長にして範士十段というものでした。伊勢神宮の弓道行事ではいくども範射をしています。伊勢神宮のある三重県の弓道連盟は全国的に一目おかれる存在だったようで、弓道についての孫への蘊蓄《うんちく》もどことなく風格のある話でした。

屋敷は立派で、敷地の四方を土塀に囲まれ、当主の家屋敷と隠居用の住居が廊下でつながり、鈎《かぎ》の手状になった屋敷の東南には、日本庭園や掘り抜き井戸があり、土塀に続く長屋門は重厚な屋根をもち、寺院のそれのように立派で、田舎の有力者の雰囲気が漂っていました。祖父は大正から昭和の日本の激動の波に翻弄されています。それだけに一身田の青木の家より物事に動ぜぬ品の良さが漂って

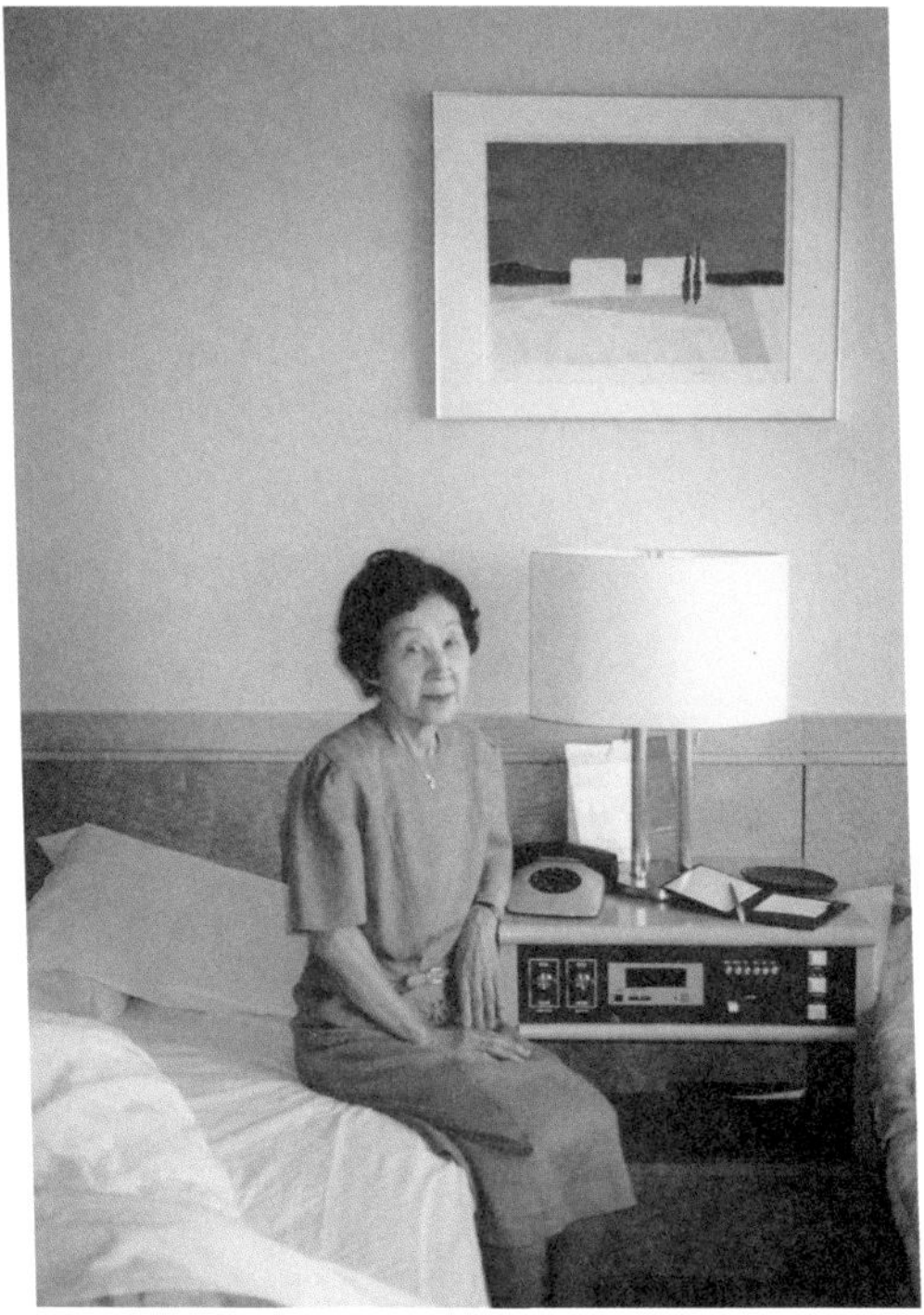
母まき

いましたし、鷹揚でおおらかさがありました。

大二郎とまきの間で五人の子供が育っています。だから父と母が問題なく生活を送っていたかというとそうでもありません。多くは父親の勝手に母が怒っていました。また、弟を背負い、風呂を沸かす竈に薪をくべながら、そばで手伝う小学生の私に離婚について問うてきました。

今思うに、考え方に幅がなかった父に比べて、母はより自由な発想ができていたように思えます。自転車を自由に乗りまわし、私にプレスリーのブルーハワイのレコードを買ってこさせ、楽しんでいました。

私が旭丘高校に合格したとき、父は「俺の子が愛知一中に入るとは、思ってもいなかった。これも母親が良くできるからだ」と喜んでいました。

私が本格的に家業に入るようになって母が病院業務から退いたかというとそうでもなく、後年共に病院を設立し仲間となった、鈴木省三、駒田俊明両先生たちが少しずつ手伝ってくれるようになると診療所は盛業になり、かえって母

スイスのグリンデルワルトで母と著者

は忙しくなっていました。
後年病院の仕事に余裕が出てくると、中京大学へ通いスペイン語の学習をしておりました。平成二年、母と私、二人で独、スイス、伊、仏と旅行しました。独、ミュンヘンにはドイツ人と結婚した私の従姉の佐紀子さんがいて彼女に会い、スイスの山でハイキング、パリ見物をしました。母は旅行写真でアルバムを作り、そこに小文をしたためています。以下その文章の一部です。

スイスユングフロー、メンヒ等をバックに

「草原をゆっくりと登り、黄色い小花が咲き乱れているところで雪山をバックに記念写真をとった。重孝が生まれて四五年、この間忙しく目まぐるしい人生を過ごしてきた私にとって逞しく頼り甲斐のある長男とスイスの遥かなる山々を背にして並んで写真をとる日が来ようとは…。誠に感慨無量の想いである。この記念写真を泌々《しみじみ》ながめ人生七〇年を生きてきたことの意義がわかることとのように思われてくるのです」

ミュンヘンで佐紀子さんに会って

佐紀子さんについて「彼女が愛の為の行動を単独で実行してよりはや二〇年の月日が経過しました。流暢なドイツ語で私の買物をてきぱきと手伝って下さること。又幾年もお会いしてなくても飾り気のない親しみで一身田弁で話のできる彼女を私は心から尊敬と感謝の気持ちで見つめておりました。生来の才能に加えて彼女の努力と勇気が今日を築いたものと今更のように改めて感心している私です。ホテルまで私を送って来て下さって部屋で三人で又四方山話に花が咲きました。佐紀子さん…私のような年齢になったらやはり日本へ帰って来てほしい。やはり日本の田舎で生まれ育った者の共通の想いのようなものが沁々と胸を熱くする私の希いです。御両親もきっと同じ思いをもっておられると思います。これは日本へ帰って来てから切なく胸をよぎる私の想いです」

パリから帰国機中

「機内に入った途端これはうれし、一一時間一〇分の東京までの長い時間もこの座席ならば何の苦痛もなく楽しめると私ホクホク…急に気分楽になり、うれし楽しい気分となったのであります。沁々と思うことは外国旅行はやはり若さあり元気ありの時にするもので、今の私のようにスタミナな

パリ、エッフェル塔にて

く年老いてからは無理だということです。今回は生まれてはじめての海外それもヨーロッパの国々をまわり本当にぜいたくな旅なのに同伴の重孝に気をつかわし無駄な時間とお金を使うことになり申訳なく泌々反省することとなりました。ベルサイユ宮殿もルーブルも行けず今から思えば誠に残念至極の想いであります。機の出発の時、時計を日本時間二二日三時三六分に合わせた。

ＪＡＬ四〇六便二〇時三〇分発。機内では正面の大テレビにフィリピンルソン島の大地震のことなどニュースをやっていた。五時一〇分、太陽が雲に沈みそのオレンジ色がとてもきれいだった。五時二〇分、水とおつまみ、つづいて夕食機内食が出た。私はここぞとばかり日本食をたのみ久しぶりでごはんとつけもの…アーアー私は本当に日本のおばあさんでした。メニューは青豆ごはん、白身魚のかにアンかけ、肉じゃが、焼肉、生野菜、たくわん、しばづけ、大根の酢物、和そば、塩鮭、玉子やき、とろろ昆布とうずら玉子の清汁など、たっぷり品数あって少々残りしましたが、美味しかったデス。外はいつまでも夜にならずオレンジ色と雲との境界が一直線になりきれいでした。ずっとこのままの状態で朝がくるのでしょうか。神秘的なものを感じました。暫くして毛布をかけ眠りの体勢に入りました。楽しい旅でした。大変でした。疲れました。お茶漬が食べたいデス。とっぷり肩までつかるお風呂へ入りたいデス。スイスの山へ登りました。パリの街を歩きました。メトロにも乗りました。ミラノでスパゲティーも食べました。ドイツの佐紀子さん宅まで伺いました。夢のようです。どうも本当に有難うございました」

久しぶりに写真帳を開いて母の添え書きを読み、つかえることなく読めて、ゴツゴツした文章しか書けない俺より、よほど上手だなーと思った次第です。若い頃文芸誌に投稿したと自慢していました。つい長々と転写してしまいました。

母は若い頃から、呼吸器系が弱く、よく咳込んでそれが因で平成二一年四月十一日八九歳で亡くなりました。

大学卒業間近になると研修先を決めるわけですが、私どものクラスは学生運動やインターン廃止運動の余波もあって、学生個々の希望をもとに学生間でそ

今永一名大第二外科教授と私　平湯温泉にて（昭和30年）

の研修先を決めていました。研修医を募集する病院が研修医を選択するという構図が乏しかったという、ある意味おかしな話です。私自身の場合は、もっともっとおかしな話でした。亡き父が重孝の卒業後について、第二外科の今永教授に託していました。当時今永先生は愛知県がんセンター病院の院長を務めておられました。あと三～四カ月で卒業という頃、がんセンターの事務の方から呼ばれ、今永先生に面会、「君は来年からがんセンターの外科研修医です」とお言葉をいただきました。人生の節目で人まかせか、とは思いましたが、周囲の人の善意には、よほどでなければ逆らわない私です。

一〇　研修医、大学、そして岩月舜三郎

愛知県がんセンター外科研修医となりました。研修生の二年間、月に一度くらい院長から呼ばれて院長室に参ります。四方山話のあと、今永先生はいつも自分の玄米弁当を披露しながら、九州弁で、「君は父親の体を引き継いじょるからこういうものを食べんしゃい」とのお言葉をいただきました。

がんセンターでの二年間、私は一五年先輩の小池明彦先生を指導医として学びました。人間として医師として尊敬できる方でした。学生の間を含めて私が医者らしく真面目に勉強し、働いたのはこの二年間くらいです。しかし二年経ったとき、胃癌や大腸癌、甲状腺癌の手術はできても虫垂炎とか鼠径ヘルニ

小池明彦先生

アとか基本的な手術ができなくて困惑しました。手術後の経過観察と称し、医局で遅くまで麻雀をしたのも思い出します。研修医の手当は月額三万円でした。麻雀に負けると、名四国道の道路料金、時にはガソリン代に事欠く事態となり、給与直前は名四国道を利用できるか問題でした。学生時代も日常的に経験していたことなのですが。

がんセンター在職中、医局、第二内科の秘書をしていた名和ゆり子をくどいて、がんセンター終了半年後に結婚しました。多くの友人先輩に祝っていただき、ありがたく思っています。令和四年一〇月で結婚して五〇年になりました。「犬猫は飼わない」「政治家にはならない」約束を順守して参りました。
がんセンター研修中は土曜日の胃大腸カメラ研修以外は毎日朝から晩まで、小池先生に手とり足とり、メスの握り方から教えていただきました。以下の文章は小池先生が亡くなられたとき私がしたためた弔意文の一部です。

小池先生は穏やかで、丁寧な医師で、知識の豊富さが自然と人に伝わる方でありました。私はがんセンター研修生時代マンツーマンで小池先生に教えを受けました。私にとって胃癌、大腸癌を執刀させていただいたことも思い出ではありますが、小池先生が患者さんの家族への話の中で運命と思って諦めて下さい。と言われたことがありました。まことに私の脳裏から離れることがありません。「運命と思って諦めて下さい」と言える実力、自信、またそれを受け入れる家族を思うたび、〝我師〟を実感します。

それにしても小池先生の手術は丁寧で粘り強く、適切な切除範囲、無理のない再建法等含蓄に富んだ手術をされました。病巣を力ずくで取り除くことばかりを考えている外科医が多い中、小池先生はどのような再建法が患者の術後にとって有益であるかをいつも考えつつ、メスを進められていました。それは余裕でもありましたが、患者を思う心のあらわれであって医師として当たり前のことであるけれど、実践することの難しいところだと思います。小池先生は膵頭部一二指腸切除の手術中、これは今永先生の方式、これは自分の工夫だと、私に解説してくれました。小池先生の死を想うたび頭をよぎります。外科医が自分の専門とするところの病で命をとられるとは、何たる皮肉でしょう。

昭和四七年名古屋大学の第二外科教室に入局しました。がんセンターから大学にという流れは既定路線であって、私も周囲のだれもが当たり前と思っていました。

　私が大学へもどった当時、第二外科には腫瘍、胸部外科、肝胆膵、内分泌と四つの研究室があり、私の入った研究室（肝胆膵）だけでも一七～一八名の医局員がいました。トップが山本貞博講師で、次が秀村立五助手、澤田誠之先生、竹重言人先生……と続いていました。

　帰局して感じたのは医局員の序列がきっちり決まっていて、上意下達が遠慮なく存在して、封建的でした。患者は少なく、医師がやたら多く、その医師もいつ、どこに、だれがいるか判然としませんでした。私は、人はそれぞれその環境のなかで自他共にいろいろな面で自由でなければならない。そして、より自由な場を追い求めてこそ人の道、さらに個人の権利が尊重されるのが、あるべき姿と考えています。学生時代から大学とは学問、研究、教育の場であると教えられていました。そして自由な場でもあると。自由であって何をしていても規制されないのは歓迎ですが、自分がなすべき研究、外科医としての研鑽等についてどうすればいいか、まったくわからないのが当時の実情で、時々まじめになって「人生の働き盛りで懸命に仕事をすべき時にこのような怠惰な生活をしていては」との思いで、自己嫌悪に陥っていました。

生活費を得る目的で、医局員はそれぞれ割り当てられた病院に定期的に働きに出ていましたが、私はそれを自分の診療所で働く形にしていただいていました。父が残した診療所、毎月少しずつ赤字を出して細々と営んでいましたが、私が顔を出すようになり患者さんも増えてきて、医局の先輩にも診療をお願いしていたので、経営的には問題がなくなってきました。しかし、大学にもどった意味は研究、学問にあるのであって、日々不本意な思いで数年が過ぎました。

ある日のこと、岩月舜三郎という五年先輩にあたる人がアメリカから帰ってきました。今永先生から名大二外として期待されている人と聞いており、山本貞博先生からは、「舜坊」と呼ばれて寵愛されていました。今回の帰局は二年間の予定で、その目的は中断している自身の大学院の後半を終えることでした。

加藤信夫と岩月舜三郎先生

米国では肝移植を志し、ピッツバーグ大学のスターツル教授のもとで修業しているなど、若くして名大二外のスター、伝説の人でもありました。私の親しい同級生である大島伸一は泌尿器に進んで、腎移植を目指しており、岩月先生を師として腎移植に取り組んでいました。また、人柄にもひかれていて、学問だけでなく私生活も岩月門下生となっておりました。

岩月先生は医局での生活を送る中で私をみていて、ある日、はっきり指示をしてくれました。「青木はこれから一年以内に大学をやめて家業に専念しろ。一年のうちに博士号をとれ。主題は今永先生のもとでの門脈圧亢進症の症例が六二〇例ほどあるが、これがまとめられていないから図書館にこもってまとめろ。まとめ方は俺が言う。実験は俺がおこなったものを使え。横倒し（英文）は俺がしてやる。発表は来年の外科学会」。ありがたい話でした。当時の私の悩みは、大学での中途半端な生活、そして家業も中途半端なことでした。そこにクリアカットに方向を示してくれました。自由悪に漬かって、将来構想もなく、したがって決断もできなかった私には台風一過の秋晴れでした。

博士号については、足のうらに付いたいらざる米粒であるという米粒談議のなかで、卒業時『博士号は目指さない』とのクラス決議もありましたが、岩月指示のありがたさを感じ、取れるものならいただこうと、すぐにカルテをまとめるために図書館通いをはじめました。半年ののち指示された結果もまとまり、山本先生のところに参じました。そこで山本先生から、「今永先生から続く名大二外の大事な門脈圧亢進症のデータを、開業医の分際で半年くらいで整理して出来上がりとは何事か、認められん」とお叱りをうけました。外科学会での発表も他の人になっていました。しかし代役は山本先生の次席の先生でしたので、私がまとめ、書いたものは正当に評価しうるものだったのだと思っています。今その時にまとめたものはまったく残っておりません。焼却処分しました。やはり当座は腹を立てました。しかしこの件でいつまでも、山本先生を恨んだかというとそうではありません。私のような開業医となる者とは違って、大学のなかで競争して生きていこうとする人の心情を思えば、この成り行きは理解できます。のちに山本先生が愛知医大の教授になられた時、がんセンター時代の私の師、小池先生がその助教授に採用されるよう運動しました。それを聞いていただける関係になっていました。山本先生は米国留学中、その後も「カリフォルニアのワイナリー巡りを緻密な計画を立て、計画通り実行する」という趣味をお持ちでした。何回も自宅に伺って、そのお話を詳しく聞かせていただきました。見習って私も同様にレンタカーで回りました。ただしオレゴン州でしたが。

このような成り行きで博士にはなれませんでした。インチキ博士が誕生しなくてよかったと思います。しかし「開業医の分際で」は普段表に出ない本音であり、そうかとうなずいた次第です。同様の問題は同じ医局員でも、本学出身か他学出身であるかによってもありました。私の属した研究室で、教官の差別的発言に起因して、他学出身者を中心に、特定の教官が執刀する手術に助手として入るのをボイコットする、という事件がありました。私が大学を去った後のことでしたが。

自分の人生をふり返ってみたとき、私は多くの人の影響をうけ、またお世話になっています。名大二外医局に在籍したとき接した岩月先生の「家業に帰れ」との言葉は圧倒的に私に影響を与えました。頭のなかに「大学に在籍している以上、学問、研究にかかわって何らかの業績に関与して」などと思いはするものの、現実はまったく違っていたわけで、そこに、人生生き方いろいろあるから、青木は大学をやめてすぐ家業の世界に入れと言ってくれたわけです。岩月舜三郎、破天荒な、しかし合理的に考える、そしてすばらしい実行力の持ち主でした。加うるに情のある人でした。

その後、腎移植を教えてもらった大島伸一と二人で岩月先生のおっしゃる無理難題どんなことでも従って参りました。五〇歳にして還暦の祝賀会を、六〇歳にして岩月生前葬（まあだだ会）を、七〇歳にして、生誕七〇年（ええ加減にせん会）を開催し、ゴルフのお伴は数知れず、使いすぎて税金が払えない、圧巻は名大外科教授に決まったのに帰国しない。

学問に長けているのはもちろん、人の心を読むに長け、人の心にも体にもグイグイ喰い込んで弟子どもから「岩月、嘘つき、運のつき」と言われ、戒名は医学院釈舜法でした。以下は大島伸一執筆ええ加減にせん会の案内状です。

さて例によって例の何かが起きる時期になりました

岩月舜三郎先生　生前葬「まあだだ会」にて

もち論岩月舜三郎先生です
今度は何を考えて見えるのでしょうか
五十歳で還暦六十歳で葬儀これで全てが終わったはずですが
「葬儀から十年たったのであの世から一度帰ってくることにした」とおっしゃられています
生き方も死に方も麻雀もゴルフもすべて「岩月ルール」で通されてきた岩月先生のまたまたの御託宣であります
あの世から戻るなど不遜不届き天

も神仏をも恐れぬ振る舞いですが許される場合が一つだけあります
いよいよ認知症の世界に入られたのではないかという疑いがそれです
誰が言い出したのか「岩月嘘つき運のつき」は不滅のようですということで
医学院釈舜法十回忌
「生誕七〇年ええ加減にせん会」
を別紙のような要領で開催いたしたくご案内申し上げます

世話人
青木重孝
大島伸一
加藤信夫

鯉のぼりがはためき、タンポポが咲く
アメリカ・ピッツバーグの岩月舜三郎邸

しかし岩月先生は秀でた方でした。当時、肝硬変に伴う門脈圧亢進症にどう対処するか、名大二外の今永教授の最大の仕事でした。肝硬変が増悪すると肝癌、食道静脈瘤出血、肝性昏睡となり治療も姑息的な方法しかない状態でした。岩月先生はこの問題について、解決が得られるのは肝臓移植しかないと考えられ、それを目指して渡米され、当時米国で肝移植の最先端であったピッツバーグ大学のスターツル氏を師と仰ぎ、過酷な修業をされました。のちにはピッツバーグ大学で教授となられ、さらには、のちの北大教授藤堂省先生をはじめ多くの日本の肝臓外科医を育てられました。

岩月先生が亡くなられた今となっては懐かしい思い出ばかりです。ピッツバーグのお宅の広大な緑の芝生に群生する黄色いタンポポの花を思い出します。岩月曰く、「タンポポの咲く庭は縁起が悪い」。

二　家業

岩月舜三郎に家に帰れと指示をうけて、家業に専念することとしましたが、一人で家業を営むのも寂しいし、手術できる環境ももちたいと思ったので、今までの知り合いや同級生に声をかけて、一緒にやらないかと誘いました。その時、私の申した言い草は「あなたは大学に残って教授を目指そうなどとは考えてないでしょう。私と一緒に病院をやりましょう。勤務医よりはましな給料を、そして開業では難しい休暇を交代でとりましょう」でした。

父の残した診療所では狭く、建物も古くなっていたので、桑名近郊の多度に新しく病院を建てようと考えました。桑名から揖斐川右岸沿いに走る、新しい国道二五八号が大垣まで開通していましたが、桑名大垣約三〇kmの間に外科、整形外科を診療する医療機関はありませんでした。土地を決めるに際して、多度山(四〇一m)の山頂に登り、俯瞰して開業の地を選びました。愛知県から木曽三川をわたってきた道路と大桑国道の接点に決めました。病院開設には同じ医局の先輩鈴木省三先生、同級生で整形外科に進んだ駒田俊明が参加してくれることとなりました。目星をつけた土地を譲っていただくのは、さほどの苦労もなかったのですが、病院建築の段階で土地区画整理組合や水利組合からの一見正当に見える要求のなかに、私欲が見える困った問題がありました。排水についてのクレームでした。排水に消毒液が混入し、それが農作物汚染になるからと、病院の浄化槽からの排水は国道二五八号を横断して二五〇m先の香取

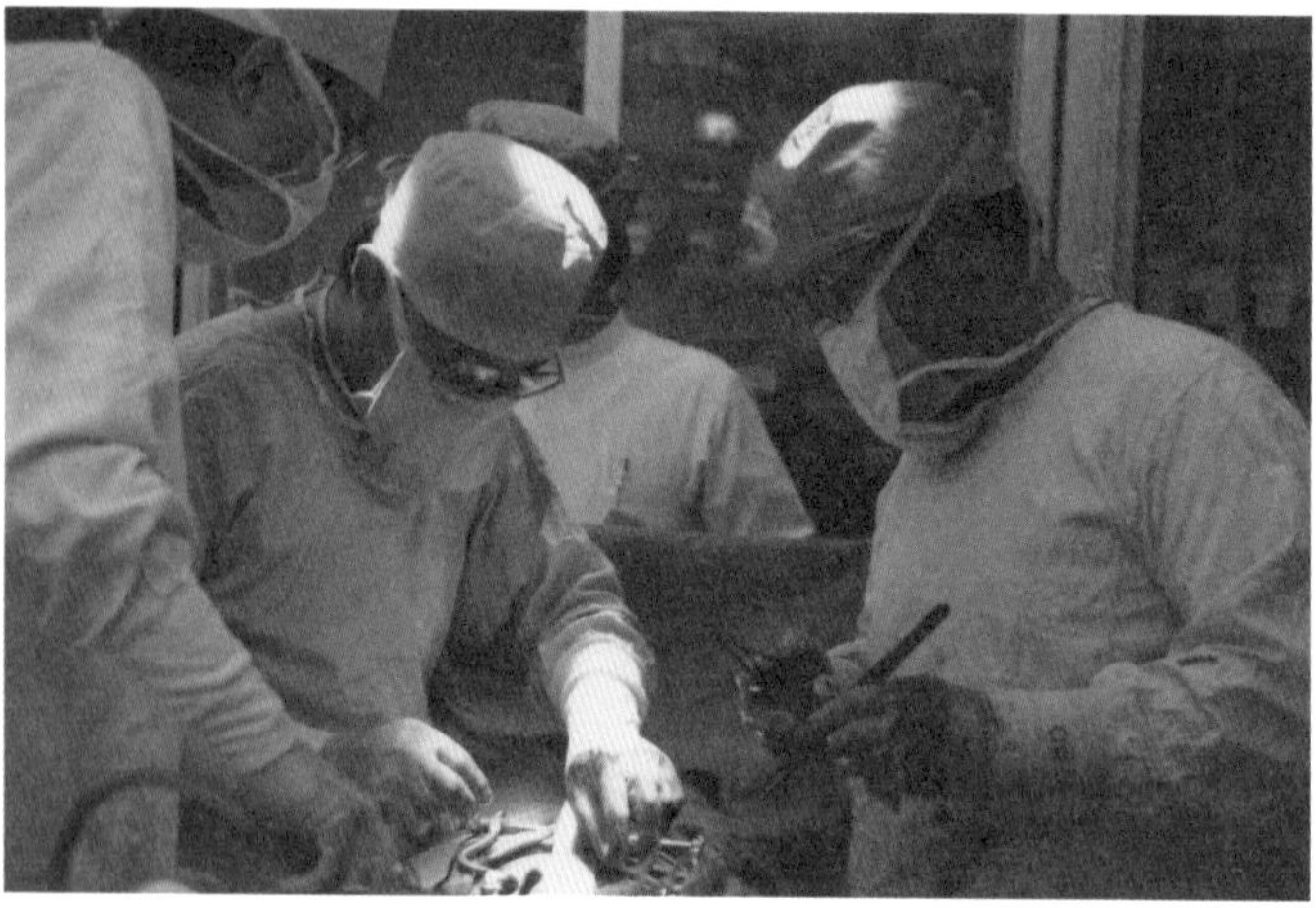
大桑病院で手術中

川まで排水管を敷設するようにとの要望。消毒薬等は院内で別系統の産業廃棄物収集をおこなう設計でしたので、この話は言われのないクレームととらえました。浄化槽排水の問題は別な解決方法も見えていましたが、将来に禍根を残すまいと、あえて取りませんでした。お話の通り敷設しました。同様の事例は桑名市西金井で平成一〇年に開業をした特別養護老人ホーム建設のときにも、地元のみならず、当該地から離れた地域の水利組合から不当な圧力がかかりました。この種の団体はほぼ同様に地方議会議員がからんでいて、品位を疑わしめまし

手術後に大島伸一と

た。
　昭和五五年九月、大桑病院と名づけて開業することができました。しかし想定していたより早期に忙しくなって困りました。救急患者も二四時間受けていました。今思うと「未熟な医療環境にもかかわらず大きな事故もなく過ぎて」と冷汗ものですが、院長の鈴木省三先生はじめスタッフがよく頑張ってくれました。小さいながらも病院規模は大きくなって、その後昭和五七年と昭和五九年に増築をしています。病院の所有する土地も三七〇坪で始めたのが五～六年ほどで、一八七〇坪まで取得しました。

診察室で

内科の医師も加わってくれて、盛業となりました。しかし昭和六一年第一次医療法改正があり、この時から病床を増設するのが難しくなりました。医療法改正については後述します。

同級生で整形外科の駒田俊明先生は手術が大変上手で創意工夫ができる人でした、競輪の選手は落車して鎖骨骨折をすることが多い職業です。しかしケガをしたからといって休業すると途端に筋力が落ち、必然的に成績が落ちて家計に影響します。それほど過酷に闘っているのが現実です。駒田先生はこの現実を知り、自分の創意工夫で骨折部の強固な固定が得られ、手術翌日からトレーニングがおこなえる手術方法を考えだし実行しました。これが好評を博し鎖骨骨折をした競輪選手が全国からたくさん集まるようになりました。

盛業、かてて加えて桑名郡多度町は木曽三川がお互いに合流するかと思われるほどに近接して流れる地で、揖斐川、長良川そして木曽川の三川とも、右岸、左岸に堤防とその上に道路があり、堤防の上につくられた道路は河川事務所（建設省）の管轄で治水優先で、信号をつくることやガードレールを設けることはできません。安全対策はないに等しく、アスファルト舗装完備で、必然、事故多発道路になります。堤防から車ごと転落したり、正面衝突転落など外科系の医者が暮らしていくには困らない地域でした。誓って申しますが、私は上記の事情を知ったうえでこの地に開設したわけではありません。交通上の要所を多度山山頂から俯瞰して決めました。皆様御承知のように思考することが先にきて、そののち行動するという側面に欠ける私です。

一二　医業の現実と医師会活動へ

病院の経営が順調でその規模も大きくなってきたとき予期せぬ問題が出てきました。医療法人の継承問題です。私は法人法、特に医療法人のありようについて知識がないまま、県の担当課で法人設立のモデル定款をいただいて、それだけで法人を設立しました。持ち株あり法人で、私が株の九五％を所有しました。この状態で順調に病院の経営がまわっていきましたので、設立から五～六年経過したときには法人の資産は二〇億円を超えました。私が亡くなったとき、私の相続人はこの二〇億円に対する相続税が必要となります。病院の資産が二〇億円あると言われても、病院の資産とは土地、建物、ＭＲＩ、ＣＴ等の備品であって病院にある現金はせいぜい一億円くらいでした。これは困った問題です。私がこのまま死亡すれば相続人は莫大な借財を抱えることになります。理屈を聞けば当たり前のことでありますが、私にとっては途方に暮れる現実でした。この事態をどうするか考えました。

自分で作り育てている病院を人手に渡すことはしない。私の相続人が立ち行かなくなるような事態にはしない。この二点をもとにたどりついた結論は、「別途、持分の定めのない医療法人を設立して現在の医療法人を吸収〜合併する」ことでした、そこで父の本拠であった桑名の診療所の土地建物を基本財産とし、持分の定めのない財団医療法人を設立して昭和六一年一一月に病院を開設しました、財団法人青木記念病院です。この財団法人を大きく育てて多度の持分ありの法人を吸収〜合併しようと考えたわけです。

しかしこの法人の相続問題は私の考えた方法論ではなく、国の施策で解決されました。あっけなく問題が解決してしまいました。平成九年に医療法のなかに特別医療法人制度が定められました。特別医療法人とは一定の公益性があると認められる持分の定めのある医療法人は持分の定めのない医療法人へ移行できるというもので、一定の公益性に関しては二次救急の指定をうけていたことでクリアーしました。もちろんすぐに特別医療法人に移行しました。特別医療法人青木会大桑病院となりました。

現在医療法人は全国に五万四千あり、そのうち七〇%が持分の定めのある法人だそうです。医師の法人問題への意識の低さは問題です。のちに三重県医師会会長時代、数回にわたり医療法人制度啓蒙の講演会を開催しましたが、法人で事業をおこなっているのに、問題点を理解できていない会員が多い印象でした。のちにも、医療法人に関する医療法改正がおこなわれ、平成一九年以降、持分の定めのある医療法人の設立はできなくなりました。

多度町に大桑病院を始めてみて法人問題以外にもいろいろ考えさせられる問題がありました。その一つが救急医療です。大桑病院のおかれた環境からしても、救急患者を受け入れるに議論の余地はなく、当初から救急患者さんを積極的に受け入れました。しかし、大桑病院の能力では診療科やスタッフ数など不備不足が多いことを実感しました。もちろん自院を充実させる努力はしましたが短兵急には成りません。当院で受け入れはしたけれど、より高次の病院で引き受けてもらう必要がある患者さんが度々あり、大垣市民病院、海南病院、市立四日市病院とつながりを太くする努力をし、転院に必要な救急車も自前で備えました。これは私のなかに一次救急、二次救急そして三次救急の考え方が醸成されたのだと思います。

救急医療の問題は、大都市であるか過疎地であるか等地理的要因、医療従事者の不足程度などの問題があるうえ、住民の要望と医療者が見る側面に違いがあります。住民は迅速に対応するところに重きがおかれ、医療者は、提供できる医療の種類や専門性を考えます。議論になるとすれ違いが起こるところです。

救急医療は地域単位で体制を整えるのが肝要で、この時役に立つのは医師会です。桑名医師会の救急担当理事として、一次救急、二次救急輪番制などにつ

医師会主催の救急災害訓練　近鉄と協力して列車事故を想定しておこなった

救急災害訓練中の風景

桑名医師会による救急の日の講演

いて、消防と連携しながら、桑名の体制づくりをおこないました。

また大桑病院を運営して痛切に感じたのは看護職不足でした。小病院のこととて、募集案内だけでは何の成果も得られません。そこで積極的に人材を求めようと、私なりに拠点を設けて年に何度か学校に出かけ、さらに紹介された生徒の家まで訪問して看護学校を目指してくれる生徒を募集しました。その拠点となったのは島根県隠岐の島、そして熊野でした。同じ地区、同じ学校出身の生徒が幾人か一人前の看護師に育ってくれると、地域の学校などにも信用が生まれて、募集もしやすくなりました。何度も足を運んだ生徒の親とも親しくなり、釣りに誘っていただき、大漁で帰りの荷が重くて参ったのを思い出します。今のように宅急便はない時代でした。

遠方から桑名に出てきてくれた生徒、こちらで用意できたのは准看学校でした。そのようななかで何人かの医師会の仲間の協力を得て桑名医師会立看護専門学校を設立しました。

一三　桑名医師会立看護専門学校を設立

大正の時代、四日市の桑名寄りの海岸近くに富田浜病院という当時最も課題であった病である結核に取り組む病院があり、設立された石田誠先生が看護婦の養成に取り組まれ、富田浜准看学校として年間二〇名くらいの准看護婦を輩出し、地域の医療や看護に貢献しておられました。

しかし、昭和三十年頃から病院として学校を運営していくことが、人材、経済面で困難になり、病院に代わって桑名医師会が運営しておりました。私は家業に就いて、看護の実態と日本の医療保険制度を徐々に知るようになって、看護の問題点も認識するようになりました。

准看護婦と看護師が存在して同じ仕事をしていること。准看護婦として働く者も、看護師となって働く者も能力に差はないこと。だけれども職場では給与面でも、医療保険における位置づけでも差別が存在するのを知り、不合理だと思いました。当時医師会のなかで、この問題を差別ととらえて、なんとかしようと考える人は見当たりませんでした。私がこのような問題のとらえ方をしたのは、旭丘高校時代、友人と盛んに議論をして、さまざまな事象を自分がどうとらえ、どう行動するか、自分で考えるという習慣が身についていたのだと思っています。

准看護婦養成所を看護師養成所に切り替えようと思いました。

医師会立の看護師養成学校を開設しようとすると、いろいろ問題点がありました。まず、桑名医師会員が賛成し納得してくれること、次に土地の借り入れ、そして建築費及び運転資金の捻出、さらに学校の教員の募集、養成でした。いわゆる開業医で成り立っている医師会ですから「自分たちには関係ない」とする会員が多く、会員に資金拠出をしてもらうのは難しくて、学校と医師会館建設を絡めて医師会館建築として資金拠出をお願いしました。

土地は桑名市に依頼して賃借することになりました。

建築費等は国や県の補助金をお願いしました。また、自院の看護師確保を考え、生徒養成に熱心な医療機関に、無利子の学校債を購入いただいて、形を整えました。建築費だけで四億円必要でした。

これらの問題を解決していくなかで地元衆議院議員、知事に強引な陳情もしました。今思えば無茶な要望をもちかけていますが、私にとっては、政治家とどう接するか学んだファーストステップでありました。

一番苦労をしたのは学校の教務主任を獲得することでした。当時教務主任になる資格をもっておられる方が少なく、ようやく、ニューヨークの看護大学で学んでこられた有資格者に日参して来ていただくことになりました。

医師会立の看護職養成学校は、准看護養成施設がほとんどで、高等看護学校昼間制（当時の呼称）は三重県では初めて、全国で三校目でした。

平成四年に一学年五十名定員で開校にこぎつけました。今設立して三十年となります。卒業生も千二百名を超えました。地元桑名を中心に活躍しているし、結婚して次の世代につないでいます。

桑名の看護学校が始まってから、四日市、津、松阪と次々医師会立の看護師学校が設立されました。桑名の優位性はもうありません。次は今の学校を四年制大学にもっていくことが必要でしょう。場所も資金も大変ですが、桑名に大学ができれば少子化を克服していくうえでも役立つと考えます。息子である当院院長に話しても関心を示しません。

学校ができて、准看護婦が差別を受ける事態は大幅に減少したと思っています。そして気づいたら三重県は新卒看護職の看護師比率が著しく高い県になっていました。

学校を設立する過程で、山本病院の安保喜久郎院長、桑名病院の竹村渥先生に親しく可愛がっていただくようになりました。当時の桑名医師会の副会長小浦堅一郎先生は個人開業にもかかわらず学校設立に賛同してくださり、大きな力となっていただけました。感謝しています。

私は現在年に二日だけ看護学校の授業を担当しています。たった三時間ですが、日本の皆保険制度が国民に、そして医療関係者にとっても大事なものであること、そして医療供給体制はどうあるべきかを話しています。

一四　産業保健の昔話

昭和の終わり頃、まだ青木外科診療所で診療をしていたある日、木曽岬町にある大手食品会社から重度の熱傷患者が搬送されました。まだ中学校を卒業したばかりの女の子で、大きな揚げ物鍋に足から滑り落ち広範な熱傷を負っていました。熱傷の管理、その後の広範な植皮にあっても、名大等からの援助もいただいて、なんとか救命、社会復帰ができた症例がありました。この子の名前は今でも忘れません。これを契機に私はその大手食品会社木曽岬工場の産業医となりました。月一回の巡視、職員検診などをおこないました。この頃は制度としての産業医資格はありませんでした。

労務上の災害では他にも忘れることのない例があります。やはり青木外科で

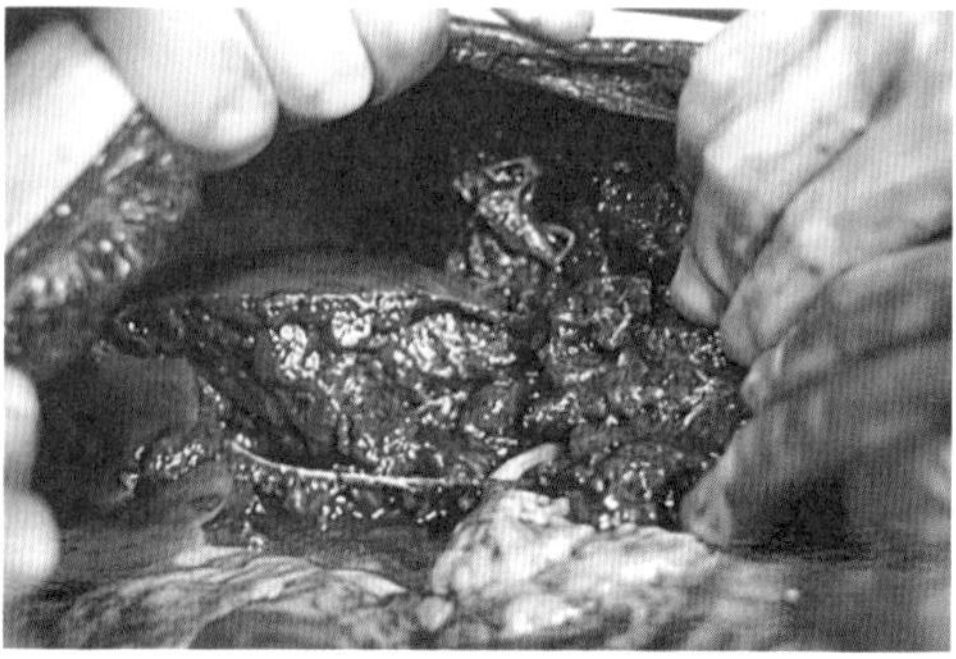
腹腔内出血で肝臓破裂した状態

の話です。鋳物会社で三〇歳前の社員が溶けた銑鉄の入った大きな鍋が体に当たり、運ばれて来ました。鈴木先生と二人してすぐ開腹しました。腹腔内出血で肝臓破裂でした。くだけた肝臓をわしづかみにして出血を抑えながら輸血用血液の到着を待ち、輸血しながら一つ一つ出血源を止血しようと試みました。長い時間、止血操作をくり返しましたがとても止まらず、鈴木先生と顔を見合わせ、無言のうちに手が止まりました。私が関係者に救命ができないことを伝えようと手術室を出たところ、幼児と手をつないだ若い女性が立っていました。その親子をみて何も言えずオペ室にもどりました。大量の尺角ガーゼを連結して、肝損傷の周囲に押し込んで圧迫し閉創しました。手術とは言えない手術でしたが、一応救命できました。患者はその後、

郵便はがき

料金受取人払郵便

名古屋中局
承　　　認

9014

差出有効期間
2026年9月29日
まで

460-8790

101

名古屋市中区大須
1-16-29

風媒社 行

注文書◉このはがきを小社刊行書のご注文にご利用ください。

書　名	部

郵便振替同封でお送りします（1500円以上送料

風媒社 愛読者カード

名

書に対するご感想、今後の出版物についての企画、そのほか

名前 （　　　歳）

住所（〒　　　　　）

求めの書店名

書を何でお知りになりましたか

書店で見て　②知人にすすめられて

書評を見て（紙・誌名　　　　　　）

広告を見て（紙・誌名　　　　　　）

そのほか（　　　　　　）

図書目録の送付希望　□する　□しない

このカードを送ったことが　□ある　□ない

佐藤仙務

や未来をひらく出会いの日々を綴る。

1500円＋税

近鉄駅ものがたり

福原トシヒロ 編著

駅は単なる乗り換えの場所ではなく、地域の歴史や文化への入口だ。そこには人々の営みが息づいている。元近鉄名物広報マンがご案内！

1600円＋税

名古屋タイムスリップ

長坂英生 編著

おなじみの名所や繁華街はかつて、どんな風景だったか？全128カ所を定点写真で楽しむ今昔写真集。昭和100年記念出版。

2000円＋税

風媒社 新刊案内

2024年
10月

〒460-0011
名古屋市中区大須1-16-29
風媒社
電話 052-218-7808
http://www.fubaisha.com/
[直販可　1500円以上送料無料]

名古屋で見つける化石・石材ガイド
西本昌司
地下街のアンモナイト、赤いガーネットが埋まる床……世界や日本各地からやってきた石材には、地球や街の歴史が秘められている。
1600円＋税

ぶらり東海・中部の地学たび
森　勇一／田口一男
災害列島日本の歴史や、城石垣を地質学や岩石学の立場から読み解くことで、観光地や自然景観を〈大地の営み〉の視点で探究する入門書。
2000円＋税

名古屋からの山岳展望
横田和憲
名古屋市内・近郊から見える山、見たい山を紹介。山の特徴やおすすめの展望スポットなど、ふだん目にする山々がもっと身近になる一冊。
1500円＋税

名古屋発　日帰りさんぽ
溝口常俊　編著
懐かしい風景に出会うまち歩きや、公園を起点にするディープな歴史散策、鉄道途中下車の旅など、歴史と地理に詳しい執筆者たちが勧める日帰り旅。
1600円＋税

愛知の駅ものがたり
藤井　建
数々の写真や絵図のなかからとっておきの1枚引き出し、その絵解きをとおして、知られざる愛知の鉄道史を掘り起こした歴史ガイドブック。
1600円＋税

伊勢西国三十三所観音巡礼　千種清美
◉もう一つのお伊勢参り
伊勢神宮を参拝した後に北上し、三重県桑名の多度大社周辺まで、39寺をめぐる初めてのガイドブック。ゆかりの寺を巡る、新たなお伊勢参りを提案！
1600円＋税

写真でみる　戦後名古屋サブカルチャー史
ディープな名古屋へようこそ！〈なごやめし〉だけじゃな

地図で

古地図で楽しむ三重
目崎茂和 編著
江戸の曼荼羅図から幕末の英国海軍測量図、「大正の広重」吉田初三郎の鳥瞰図…多彩な三重の姿。 1600円＋税

岐阜地図さんぽ
今井春昭 編著
観光名所の今昔、消えた建物、盛り場の変遷、飛山濃水の文学と歴史……地図に隠れた岐阜。 1600円＋税

古地図で楽しむ岐阜 美濃・飛騨
美濃飛騨古地図同攷会／伊藤安男 監修
多彩な鳥瞰図、地形図、絵図などをもとに、地形や地名、人々の営みの変遷をたどる。 1600円＋税

明治・大正・昭和 名古屋地図さんぽ
溝口常俊 監修
廃線跡から地形の変遷、戦争の爪痕、自然災害など、地図に刻まれた名古屋の歴史秘話を紹介。 1700円＋税

古地図で楽しむなごや今昔
溝口常俊 編著
絵図や地形図を頼りに街へ。人の営み、風景の痕跡をたどると、積み重なる時の厚みが見えてくる。 1700円＋税

古地図で楽しむ尾張
溝口常俊 編著
地図をベースに「みる・よむ・あるく」——尾張謎解き散歩の勧め。ディープな歴史探索のお供に。 1600円＋税

古地図で楽しむ三河
松岡敬二 編
地域ごとの大地の記録や、古文書、古地図、古絵図に描かれている情報を読み取る。 1600円＋税

古地図で楽しむ近江
中井均 編著
日本最大の淡水湖、琵琶湖を有し、様々な街道を通して東西文化の交錯点になってきた近江。 1600円＋税

地図で楽しむ京都の近代
上杉和央／加藤政洋 編著
地形図から透かし見る前近代の痕跡、あったかもしれない景観、80年前の盛り場マップ探検。 1600円＋税

古地図で楽しむ金沢
本康宏史 編著
加賀百万石だけではない、ユニークな歴史都市・金沢の知られざる姿を読み解く。 1600円＋税

小林龍二（竹島水族館館長）

…知県蒲郡市・竹島水族館のドタバタ復活物語

2024年10月増築グランドオープン！　1200円＋税

認知症の人間学　中村博武

◉認知症の人の内面世界を哲学から読み解く

誤解に満ちた固定観念から離れて、哲学的視座から認知症の人の内面世界を見直し、認知症とともに生きることの意味を問う。　1800円＋税

ひとりでは死ねない　細井順

◉がん終末期の悲しみは愛しみへ

穏やかに人生を振り返るために何が必要なのか。長年病者の苦しみに触れてきたホスピス医が贈る〈悲しみの先にある豊かな時間〉。　1600円＋税

私たちの表現の不自由展・その後

表現の不自由展・その後をつなげる愛知の会 編

このままでは、終われない！あいつぐ妨害や嫌がらせに屈せず、中止された〈表現の不自由展・その後〉再開をもとめて行動した市民たちの記録。　1500円＋税

みどりや主人の大正・戦前昭和　嶋村博

◉スクラップ帳が語る庶民史

パンデミック後の大正・戦前昭和は「戦争の時代」へと進んだ。そうした時代の庶民の気分を、一個人が残した百五十冊のスクラップ帳から読み取る。　1800円＋税

明治・大正・昭和
愛知の名所いまむかし　岩瀬彰利 編著

伝統的な名勝地から現代の待ち合わせスポット、失われた名所まで――。にぎわいの背後にある地域が記憶する秘められたストーリーを読み解く。　1800円＋税

家康VS秀吉　小牧・長久手の戦いの城跡を歩く　内貴健太

小牧・長久手の戦いのすべてがこの一冊にある。城跡や古戦場など、ゆかりの地を訪ね歩き、地域の伝承なども盛り込んで、その実相を立体的に解き明かす。　2200円＋税

穂の国探究　大塚耕平

◉語り継ぎたい東三河の歩み

古代から現代に至るまで、東三河の豊かな文化遺産と繁栄を築いた人々の足跡を追いながら、東三河の魅力と可能性に迫る一冊。　1600円＋税

名古屋から消えたまぼろしの川と池

前田栄作

今はなき水辺の面影を求めて――。ビルの建ち並ぶ繁華街や多くの自動車が行き交う道路にも、かつては長閑な田園が広がり、水を湛えた川や池があった。　1700円＋税

英傑会の謎　大竹敏之

◉名古屋まつりを彩る郷土三英傑

名古屋まつりのメインイベントである郷土英傑行列と三英傑経験者の集まり「英傑会」を中心に紹介し、三英傑と名古屋人の熱い思いの源を再発見する。　1500円＋税

星ひとつ

藤原伸久

喪失と邂逅をめぐる、せつなくて、ほろ甘い愛の物語。「まほろば賞」優秀作選出の「黄昏の朝」、登山を舞台にした表題作を含む連作を収録した小説集。　1500円＋税

ストック・シェアリング

井澤知旦／名古屋学院大学社会連携センター編集委員会 編

コミュニティに蓄積する空間・時間・情報などの〈ストック〉を、地域等のマネジメントを通じてシェアリングし、地域課題の解決と新たな価値の創出を図る。　2500円＋税

小さな町の教育長

北川昌宏

広がる格差、形骸化する理念。変容する学校と疲弊する教員たち。愛知県で一番小さな町から〈教育〉のこれ[illegible]考える。

大逆の僧　高木顕明の真実

愛知の昭和30年代を歩く
溝口常俊 編著

「大逆事件」に連座し死刑判決を受けた髙木顕明。差別撤廃、廃娼、反戦に取り組み人々の尊敬を集めた僧侶は、
1500円＋税

なごや昭和写真帖　キネマと白球
長坂英生 編著
懐かしの…数々のド…の情熱。…の隆盛、野球少女たちの夢……
…い…動に

愛知の大正・戦前昭和を歩く
溝口常俊 編著
モダン都市の光と影——。カフェ、遊廓、百貨店、映画館、商店、レコード……。地域に残された歴史資料で、まちの表情を読み解く。
1800円＋税

名古屋の明治を歩く
溝口常俊 編著
江戸の面影が徐々に消え去り、近代産業都市へとめまぐるしく変化した明治の名古屋。転換期の風景や世相・風俗を読み解き、近代名古屋のルーツを探る。
1600円＋税

名古屋の江戸を歩く
溝口常俊 編著
いにしえの名古屋の風景を求めて、さまざまな絵図・古地図・古文書から、地名の変遷、寺社の姿、町割りの意味、災害の教訓などを読み解く。
1600円＋税

改訂版　なごやの古道・街道を歩く
池田誠一
ロングセラーがカラー改訂版で再登場！名古屋地域を通る古道・街道の見どころ、名所・旧跡を紹介。まちの記憶を訪ね歩く歴史ウオーキングにおすすめ。
1800円＋税

街道今昔　三重の街道をゆく　千枝大志 編著
三重県内の街道で育まれた物語を訪ねて、地元の学芸員や郷土史家が歩いた。
1800円＋税

街道今昔　三河の街道をゆく　堀江登志実 編著
旅人の気分になって、往時をしのばせる寺社仏閣や路傍の地蔵・道標などを訪ねてみませんか。
1600円＋税

街道今昔　美濃路をゆく　日下英之 監修
大名や朝鮮通信使、象も通った街道の知られざる逸話や川と渡船の歴史をひもとく。
1600円＋税

街道今昔　佐屋路をゆく　石田泰弘 編著
東海道佐屋廻りとして、江戸時代、多くの旅人でにぎわった佐屋路と津島街道を訪ねる。
1600円＋税

モダン東京地図さんぽ
和田博文 編著
関東大震災で江戸と地続きの東京はどのように滅び、変貌したのか。戦前東京の街ものがたり。
1600円＋税

古地図で楽しむ広島
鈴木康之 編著
瀬戸内海沿岸の広島・宮島・呉など、海とともに発展してきた地域の歩みを古地図を糸口に探る。
1700円＋税

古地図で楽しむ伊豆・箱根
池谷初恵／大和田公一 編著
信仰、要害、温泉、街道などを切り口に、伊豆・箱根の奥深い歴史と文化、多様な景観を読み解く。
1700円＋税

古地図で楽しむ瀬戸内・香川
森正人
近代航路で変容した旅、名物として発見されたうどん……地図を読み解き伝統・文化を問い直す。
1800円＋税

古地図で楽しむ首里・那覇
安里進／外間政明 編著
当時の町の絵師たちが描いたパノラマ図などを比較分析し、近世琉球社会の姿を読み解く。
1700円＋税

地図で楽しむ横浜の近代
岡田直／吉﨑雅規／武田周一郎
横浜時間旅行へ、いざ！　外国人居留地、関東大震災の爪痕、モダン都市横浜、占領と復興……。
1600円＋税

古地図で楽しむ富士山
大高康正 編著
前近代の富士山信仰の世界、さまざまな登山道とその起点となった集落の変遷……。
1700円＋税

古地図で楽しむ神戸
大国正美 編著
文字情報だけではわからない街道や自然景観の変遷、港町の情景、近代文学者たちのまなざし……。
1600円＋税

古地図で楽しむ信州
笹本正治 編著
流れる川とそびえる山、四つの平らと城下町……。村絵図や街道地図を読み解く。
1600円＋税

黄疸が長く残り、輸血後肝炎も出て大変でしたが、一応一命はとりとめた話です。後年この夫婦は離婚しています。私が桑名で家業についた頃は大きな交通事故また労務上の大きなケガが多かったように思います。平成の中頃からはこのような事故も大幅に減少した印象です。

医師会の仕事として私は産業保健も担当しました。三重労働局の要請のもと三重県下で七ヶ所、地域産業保健センターという、従業員五〇人規模以下の事業所の従業者の就労環境や相談業務をおこなう場を地域医師会館内に設けました。平成八年のことです。産業医学の浸透は日本の社会が成熟するのに役立ってきたと思っています。

一五　検視検案

昭和の終わり頃から時々死体検案書を書いていました。それは救急搬送されてきた患者さんがすでに亡くなられておられるケースがあり、その流れで書いていたものです。それが高じて死体検案について刑事課から依頼が入るようになってきました。平成元年からは毎年、警察医として県警本部長から嘱託をうけています。

日本医師会役員時代もなんとか続いていたので、三四年仕事をしていることになります。

平成一三年五月一九日一一時三〇分過ぎ、桑名市播磨上空で、いずれも中日本航空所有の、セスナ機とヘリコプターが衝突し、両機合わせて六名の乗員が死亡した事故がありました。この事故、平成一四年に航空・鉄道事故調査委員会が報告書を出しています。乗員六名全員死亡し、落下したのが住宅街で、全焼した民家が二軒ありました。しかし、住民に死亡者や大きなケガを負った者はありませんでした。

この時、当院勤務中の看護師の家に、屋根瓦と天井を突き破って鉄片が落ち、びっくりした家人が当院の看護師に電話してきました。

私はその時、警察の要請もないのに、急ぎ現場に飛んで行きました。現場到着は消防、警察より早かったです。

後刻、御遺体が警察署に運ばれ、私も一緒に付いて行って、検視、検案となったのですが、御遺体のほとんどが切断された状態でした、検視官と共にどれとどれが一体となるのか解決できず、時間ばかり経って困惑しました。個体鑑定に歯科が役立つことを初めて実感しましたが、呼び寄せた警察医仲間の歯科医が気分を悪くして座り込んでしまいました。

国の事故調査委員会報告書の中に、桑名市消防署の報告として「医師会への協力要請をおこない、自発的に参加した医師も含めて救急医療体制を確立した」とありますが、この自発的医師は私以外ありません。

その頃は、検案といっても、桑名署刑事課の二〜三人と私、私は一応知識を持つ医師、建物内外の状況（近隣の聞き込み、新聞の取り込み、家内の様子）現場の状況（施錠のこと、借金の有無）に始まり遺体の状況（直腸温、関節硬直、死斑の状態、角膜の混濁、瞳孔の透視具合、左右差、腐敗があるときは蛆虫の何世代か等）をみて事件性の有無を話し合いながら双方が納得できるところまで検案していました。不審な点があれば法医解剖を勧めたりもしました。

皆様の御記憶にあるかと思いますが、平成一九年に時津風部屋の虐待死亡事件がありました。この事件を契機に平成二四年「警察が取り扱う死体の死因又は身元の調査等に関する法律」が施行され、死因を明らかにするため、警察署長の権限で解剖ができるようになり、また、令和元年には「死因究明等推進基本法」が成立して人材育成、検視、検案体制の充実、ＡＩ（ＣＴ）等の利用など、死因究明のための施策が打ち出されてきました。

これらの施策により、検案の世界も様変わりしました。三重県でも一人だけであった検視官が現在は五人育成され、市町の警察署の刑事課の諸君も検視、検案の教育を受けて著しく知識が向上しました。現在では、検視があれば二四時間必ず県警の検視官が臨場します。

ここまで述べたことは、だれも異議を唱えるところはありません。しかし、私は不正義な問題が発生していると考えています。

それは、死の判定がおこなわれていない状況で、検視が始まり検案作業がおこなわれ、医師が現場に呼ばれるのは、検案が検視官の手により事実上終了した後であることです。

検視、検案は、対象者が死亡されているという事実のあとにおこなわれることであり、そして人の死を判断するのは、医師以外にはありません。

また、検案とは医師が死体に対し臨床的に死因を究明する作業と定義づけられており、医師法一七条では、医師でなければ医業をなしてはならないと規定されています。医業とは医行為を業《なりわい》とするとの解釈です。

もちろん、ほとんどの例にあっては腐敗が進行しているなど、だれが見ても死亡されているに違いはありません。しかし、どんなケースであっても検視、検案の前提は対象者が死亡しているとの判断であり、その判断は医師にしか許されていない仕組みであるはずです。

検案すべき場に行き、推定される死亡後経過時間が短いと思われる例で、検視官の手により後頭窩穿刺が施行してある例に遭遇すると、大丈夫か、との思いを抱きます。

私がこのような思いをもつに至ったのは検視官をはじめとする警察官の知識技量が向上して血液検査、ＡＩ（オートプシー・イメージング）等が、おこなえるようになって、医師への依存はほぼなくなり、医師が呼ばれるのは検視が終わり、検視官も帰ってからというありさまで、現場に残った地元の刑事課の方から検視官の御見立てを伺って検案書を書くだけになりました。

年のせいではないと思いますが、最近検案で声がかかっても行く気になれず断ることが続いています。

人の死の判定は医師にのみ許された行為である。そのファーストステップのない検視、検案は許されないと考えています。

一六　私にとっての医師会とは

医師会は日本医師会、都道府県医師会、郡市区医師会と三階建てになっています。またほぼすべての大学に大学医師会があり、大学医師会はおおよそ都道府県医師会の構成員となっています。日本医師会は都道府県医師会から選出された代議員によって、また都道府県医師会は郡市区医師会より選出された代議員により、そして郡市区医師会は地域の医師会員によって意思決定がなされる仕組みであります。日本医師会、県医師会、郡市区医師会は各々が独立した法人ですので、上位法人とは異なる意思決定もあって然るべきなのですが、上意下達の意味が濃くなっています。

昭和二五年頃から昭和六〇年過ぎまで、医師会は農協に負けない圧力団体として、診療報酬の改定のみならず、政治に関与し、広く国民に好ましからざる団体として認識されていました。それは、日本医師会会長であった武見太郎に代表されていました。

しかし今の医師会に往時の力はありません。私としては極めて残念です。それどころか、小泉純一郎首相に郵政と同じ扱いをうけたにもかかわらず、十分な反撃もできないありさまでした。ちょうど小泉政権下にあって、私は日本医師会の役員としていくつかの惜しい思いをしました。

最近の医師会は国民の健康と福祉の増進に役立つという本来の趣旨に沿った姿になってきているのではないでしょうか。迫力がなくなり不本意なのですが。

現在医師会の活動は結構多岐に及んでいます。自己研鑽にはじまり公益活動、公衆衛生活動、医療介護関係などです。医師会の活動内容を以下に羅列します。

・自己研鑽

一　専門医資格

二　生涯教育

・医療介護連携

一　介護認定意見書作成

二　介護認定審査委員

三　高齢者運転免許関係

四　成年後見人制度

五　地域ケア会議

・公益・公衆活動

一　学校保健（健診）
二　母子保健（〃）
三　看護師養成
五　健康スポーツ医
六　産業保健
七　特定健診
八　ガン検診
九　保健所、市町の公衆衛生活動、防災
一〇　警察業務（検案関係、留置人関係）
一一　障害者認定診査
一二　予防接種
一三　検査の精度管理
一四　休日夜間応急診療
一五　二次救急輪番制
一六　認知症健診

などになります。

どのような仕組みで動いているか「新型コロナウイルスのワクチン接種体

制」をつくったときの手順について例示します。

まずはじめに日本医師会と厚労省がワクチン接種の具体案を協議をします。そのあと日本医師会は県医師会に情報を流し、同時に厚労省は県に指示を出します。県の衛生部局は県医師会と、県下の方針や流れ等を協議して、それを県医師会は郡市医師会に県衛生部は保健所や市町におろします。実行段階で市町、郡市医師会、保健所が話し合って具体的実施内容が決まっていきます。

先に例記したほとんどの問題（母子保健、学校保健、夜間休日救急、産業保健、住民健診等……）が上記のプロセスを経て実行されていきます。現在医師会の業務の大半がこのような仕事です。ですから官公庁にとって医師会は大事な相談相手であり実行部隊でもあります。

国と日本医師会の関係は法律案や通知の作成段階から協議がおこなわれるわけですが、多くは行政と医師会の間で齟齬が生じるわけではありませんが、時として意見の相違が出ます。そんな時、厚労省は審議会とか検討会を設けて、自分たちの考える方向へもっていきます。つまり、力関係で残念な思いをすることが多いのが実情です。このような関係を打ち破るのに最も有効なのは議員の発言です。そういう意味でも日本医師会では国会議員の理解を得るよう努力して、医師会が考えるところに決着させようと努力をします。これが日本医師会の仕事の実情です。戦後の武見太郎会長時代は保険医辞退を武器にして、また政治家を動かしてと、腕力が半途でなかったようですが、今では実戦部隊を握っているだけの存在です。それもどれだけ掌握できているか問題です。

医師会の主張が通りにくくなってきたその頃、平成八年に私は三重県医師会の理事になりました。このあと平成一六年まで八年間三重県医師会理事を務めました。県医師会理事になったといっても一七名の役員のドン尻に名を連ねたというだけで、あまり評価できない古株の役員が幅をきかせていました。

このような集団のなかで生き残るすべは、自身が勉強をして一つ一つの課題を理解して、自分なりの方針をたてることであり、末席にあるといえど自説を自信をもって主張していくことでした。この頃は理事会で、上席理事の主張を否定する発言をくり返していた記憶があります。「所詮、医師会仕事は遊びにすぎない」。この時代に思ったことです。

先述したように私は医師会の力をもっと強くしたいと思い、発言し行動してきました。なぜ医師会の力を強く！　なのか。それは医療保険の請求業務に対する審査において、制限診療となるような審査をなくしたいとの思いからです。私共医療をおこなう者は患者さんの診療にあたって、医療保険上の各種の制約があって、医師として常識に従った診療ができないケースがあります。少なくとも三〇年も前は保険制度も未熟で、今より厳しい状況でした。時には医療者としての良心を問われるような問題があり、地域間格差、国民健康保険、社会保険、労災保険等、保険間格差もありました。制限を撤廃する運動をしっかりおこなうのが医師会の使命であり義務だと思っています。そのためには医師会が強くなければなりません。

しかし、時代は電子カルテ、請求業務の電子化に進み、コンピューター審査になりました。これによって、いわゆるレセプト病名が多用され、患者さんがどういう疾患で何が必要であったかが隠されてしまうレセプトになっています。これはこれで大きな問題です。やはり強い医師会の取り組みがなければと思っています。官と対峙できる医師会でなければなりません。

平成八年から一六年まで三重県医師会の理事として主に定款の改正、看護職対策、救急医療情報システムの育成とインターネット化、そして広域救急災害対応等にかかわっています。また平成一二年には介護保険法が施行されました。介護と医療は切り離せない領分であり、学習しました。

一七　私の介護と医療

平成九年介護保険法が成立して平成十二年に施行されました。「高齢化してゆく社会で介護が大きな役割を果たすのは当然」で、「介護と医療は密接な関係になる」のも議論を待たないと考え、介護を学んで実践しようと思いました。

まず国がどのような介護を考えているのかを学ぶ目的で、社会福祉施設の長たるの資格認定講習を受けました。横須賀にある厚労省の施設で、一週間缶詰になって勉強しました。次に介護の実際を知る早道だと思い、介護支援専門員（ケアマネジャー）の資格試験を受験しました。受験に際して病院でケアマネジャー資格を持ちたいと考える有志を募り勉強会を重ねました。勉強会はいつも多くの出席者で盛況でした。このとき、共に学んだ病院のいろいろな職種のなかから後年、介護事業を起業した人が四名出ています。彼女たちが今の桑名の介護保険事業の中核となっていて私は大変うれしく思っています。

介護を学んで次は実践の話です。桑名市から「医療関係者に介護事業をやってもらえれば安心だから、特別養護老人ホームを考えたらどうですか」と水を向けられたこともあり、まずは社会福祉法人を立ち上げて平成一〇年には特別養護老人ホーム、デイサービス、訪問看護、訪問介護、在宅介護支援センター（のちの地域包括支援事業所）等を開設しました。この事業、病院と個人の寄付をもとに出発しました。行政指導だったのでしょうか、特別養護老人ホームを建設する底地は、借地ではなく、法人の所有でなければならない、とのことでした。つまり土地は自分で用意しなさい、建物は補助金を給付するから満額用意しなくてよいというお達しでした。当時全国的にこの補助金の不正受給事例が格好の話題として新聞の三面をにぎわせていました。御記憶の方も多いのではないでしょうか。

計画した特別養護老人ホーム約一〇〇床、デイサービス等の事業を考えると、少なくとも一〇〇〇坪くらいの土地が必要でした。自前で用意できたお金から割り出すと、坪単価三万五千円くらいの土地となります。田舎の桑名の田舎でもこの用途でこの金額は難しくて、結局決まった場所は市のはずれで、山あいの地、地権者が一八名あり、地積一二八〇坪が三十三筆にも分かれた複雑な土地でした。これをまとめ、購入するのに地元での説明、お願いの会合を何回も開き、なんとか土地取得ができました。

この地に特別養護老人ホーム開設はできたのですが、後日、老人ホームの水害問題に直面しました。はじめに「山あいの土地」と申しましたが、普段敷地に水の流れる川などは存在しないのですが、豪雨があると濁流が発生し、伊勢湾台風を思い出させるほどに建物に浸水被害をもたらしました。後日、敷地内に大がかりな側溝をつくりました。先年長崎県で線状降雨帯が発生して、特別養護老人ホームが濁流に飲まれて、何人かの死者が出る災害がありました。そのニュースをみて、安価で危険な土地でしか建設できず、起こるべくして起こったのだと思った次第です。

この社会福祉法人の設立にはじまり、土地の取りまとめ、取得、土地の転用手続き、建物の仕様、建設会社との折衝、職員の雇用、開設の許可、届け出、そして開業後の管理について当時青木記念病院と大桑病院の事務職であった二十代と三十代の各一名を専任としてあて、仕事を進めました。この二人、泣きながらも粘り強く仕事をしました。おかげで、設立後に私の足が遠のいても心配いらなくなっていました。

最近私どもの特別養護老人ホームでは認知症を抱える高齢者が多くなり、また入所者の長寿傾向が高くなっています。この現象は今後の老人ホームのありようを考えるとき、論点となるところだと思います。高齢者大国日本、厚労省の言う二〇四〇年をピークにというのは誤算となると思っています。

特別養護老人ホームいこいでの盆踊り

また介護の各種事業を始めてみて、当初から介護にたずさわる人が不足していることを痛切に感じています。見識を備えた介護士の安定的な人材確保は困難です。介護がどんな意義をもっているかの教育と待遇改善が求められています。医療では医師にしろ看護師にしろ何か問題意識をもつと、自分たちでどう対処するかを考えます。しかし介護では自分で考え行動する人が少ないと感じます。介護士が不足している状況が続いて、国内で介護の人材を求めても限度があり、フィリピン、インドネシア、ベトナムなどに人材を求める流れができ、私どもではもうこれが本流になっているのでは、と思うほどです。

今、私は社会福祉法人の理事長を退き、娘が仕切っています。娘に日本の少子化と高齢者の今後の趨勢を考察すること、心のある介護が求められていること、不要となった建物の処分ができる金を残せ、などと言っています。このあと、日本の高齢化に歯止めがかかることを念じながら。

一八　日本医師会常任理事となりました

医師会の役員選挙は二年ごとです。私にとって四期目となる平成一四年の選挙では県医師会会長に新しく山本器先生が、そして両副会長も新しい人が選任されました。トップ三人が新しくなり、私も一気に席次が上がり、責任の度合も高くなり、反面権限も大きくなって、施策が実行しやすくなりました。そして私をサポートしてくれる理事が増えて、楽しく仕事ができる環境になりました。

楽しく医師会仕事をしておりました平成一五年暮、山本会長が私に「青木君日本医師会（以下日医）へ出てみる気はないか」と問われました。山本会長は日医の社会保険診療報酬検討委員会委員長を務めていて、日医の内部事情に詳しく、日医の中枢部とも太いパイプがありました。当時の日医会長は坪井栄孝氏で、来期は北海道出身で日医副会長の青柳俊氏を推して、退任されるであろうと、もっぱらの噂でした。

これに対抗して大阪府医師会会長植松治雄氏が出馬する成り行きでした。日医は九州、中国四国、近畿、中部、東京、関東甲信越、東北、北海道と八つのブロックに分かれ、代議員総数三〇〇余名、例外はいくつもありますが、ブロックごと、意志統一をはかり同一行動をとるのが慣例でした。伝聞によれば、次期日医会長として植松先生を中部、東京と近畿が推す形ではありましたが、植松体制で一本化されていたわけでもなく、また青柳氏には現会長坪井氏の肩入れがあって選挙戦は半年も前から盛り上っていたようです。

そのような状況下、山本三重会長は私に植松陣営の常任理事候補として出馬しないかともちかけ、同時に植松先生に青木を採用しないかと問うていたわけです。その頃私は三重県医師会の仕事が面白くなっていて日本医師会に出てもっと大きく仕事を拡げられれば幸い、と思っていました。山本会長に出馬したい旨返事をしました。

平成一六年一月六日午前の遅い時間、近鉄上本町駅からほど近い大阪府医師会の会長室で植松会長の面接試験を受けました。緊張しました。この時の会長室の情景は今でも眼に浮かびます。植松会長は難しいことはおっしゃられず、私に今まで関係してきた、興味をもっている分野などを聞かれました。同席していただいた大阪府医師会の副会長若林明先生にはその後お目にかかるたびに声をかけていただきました。

この頃日医の選挙はキャビネット対キャビネットでの戦いでした。はじめに会長選をおこない、敗けた会長側の副会長候補、常任理事候補からなるキャビネット全員が立候補辞退届を出して選挙を降り、自動的に会長選で勝利したキャビネットが残り、当選となるのが慣例でした。今は違いますが。

植松会長側で私が中部ブロックからただ一人常任理事候補になりましたが、中部の他の県医師会から好感をもって迎えられたわけではありません。北陸三県は歴史的にも近畿に近い存在でした。しかし愛知県は准看制度廃止方向に動いている私を明らかに警戒していました。そして大県愛知にことわりなく出馬しようとしている私に対して冷たく、表面上、反対はしないものの快くは思っていないのがわかりました。

私もこの頃は戦闘態勢に入っていました。中部ブロックから一票でも多くの植松票が出るよう頑張りました。大県愛知の票数は他の六県の票を合計したのとほぼ同数であり、愛知の票をゲットしなければと、知り合いの話を聞いていただける代議員に攻勢をかけました。尾張と三河の対抗意識、名古屋とそれ以外の地域での微妙な差など、話をしてわかりました。私が名大出身で高校時代から毎日名古屋での生活であったことは幸いしました。

しかしこの選挙、最後は上層部で東京、名古屋、大阪連合が成立して表面上問題がなくなっていました。東京、大阪、名古屋の三選対本部が話し合い、植松先生を日医会長候補として推薦する合意が得られたのが、三月二二日夜七時から名古屋マリオットアソシアホテルでの話し合いであったと仄聞しました。私は三月二八日から上京しました。植松選対本部はパレスホテル三〇一号に設けられていました。選挙前日の夜（三月三一日）キャビネット入りした候補者打ち揃って、各ブロックの宿泊先のホテルへ挨拶回りをおこないました。親鴨と子鴨の行進、ヤクザのお披露目でした。私に似合う役回り。

平成一六年四月一日日医の選挙、植松先生二二一票、青柳氏一二七票でした。私は自動的に常任理事当選でした。

日本医師会の常任理事、頭ではわかっていたつもりでしたが私の生活に途轍もない大きい変化を来たしました。住居が東京になりました。病院での診療時間数が大幅に減って、患者に対して責任がもてなくなって担当医としての受け持ちはほぼできなくなりました。月曜午前、土曜午前はできるだけ診療できるよう心掛けました。つまり金土日は桑名泊まり、月火水木は東京泊まり、しかし土日は東京でまた全国の地域医師会の会合に出席する機会が多く、桑名泊まりは日、金だけなどという週もままありました。

桑名の病院から文京区駒込にある日本医師会まで二時間と四〇～五〇分でしたので、その日のうちに東京から病院往復、桑名から東京往復なども頻回ありました。私は生まれてこの方、桑名を離れて生活をした経験はありません。五八歳にして家を出た気分でした。病院の仕事を放り出した後始末は弟の大五がしてくれました。

常任理事に当選して、はじめの一カ月余はホテル住まいをしましたが、不動

タワーマンションの窓越しに

産屋まわりではなく、ネットでマンションを探して五月中旬から居を移しました。神田神保町で九段下、武道館にほど近いタワーマンションの二九階で、皇居全体が見渡せる不敬の地、皇居越しに東京タワー汐留のビル群六本木ヒルズが望め、近くは大手町の高層ビルをみる景勝の場、近景は直下に武道館の屋根、九段会館でした。夜、部屋の電気を消してあきることなく窓越しの夜景に見入っていました。部屋はダイニングキッチンと寝室だけではありましたが、一人住まいにはぜいたくなマンション、家内も好んで上京するようになり、雑用ばかりの桑名より余程楽しげでした。旦那のいない昼間は好き勝手にあちこち歩いて、夜は旦那相手に的はずれの論評でした。

二人の子供、姉の桃子は加茂病院での研修医生活が終わり、平成一六年の第六次医療法改正で論ぜられた第一次というべき「働き方改革」の渦中で、弟の孝太は金沢で学部の三年生、ポリクリ等で忙しいとき、いずれも上京する機会は少なかった印象です。

東京生活、朝は八時半頃、近くの神保町で地下鉄三田線に乗って四つ目の千石で降りて、緑の残っている中を一〇分ほどで日医に着きます。席に着くと、役員回覧板や医事関係のファクスニュースを見ながら書類仕事をして一〇時頃から厚労省の役人さんとか学会、医会の先生方、マスコミの方などと面談をしたり、植松会長の指示でそれぞれ医療保険、地域医療、介護保険のチームがつくられており、打ち合わせをおこなっておりました。

お昼になると役員室の中央にある大きなテーブルの周りに、会長をトップに

日本医師会役員室

両脇に役員が序列に従って大きなソファーチェアに座って店屋物の昼食をとります。もちろんメニューは秘書が決めるのであって、皆同じものを食します。ほぐすことが困難なざるそばもありましたが、カツ丼とかカツカレーとかカロリー過多で、どうも私の体重増に寄与したものと思われます。

医師会というヤクザの世界で、最もヤクザらしい話し合いがおこなわれるのが、この昼の会食でありました。人間満腹になると不平不満も引っ込むらしく、主義主張のすり合わせが容易になり、さらに会長が鎮座ましますこともあって、事実上ここで、さまざまな決定がなされていたという印象です。

常任理事はそれぞれの担当に従って、いくつかの政府の審議会や各種協議会等の委員をつとめています。午後は会議や委員会等に出かけている日が多く、さらに会議に伴う準備や根回しも必要でありました。時には一つの会議のため、幾人もの人に会ったり、役所と話をつけたり、また話がつかない時、どう宙にうかせておくかとか、いろんな工夫を必要としました。午後の時間は自分の担当している日医の会内委員会を開催したり、担当職員との打ち合わせや指示出しをしたり、結構連日びっしり予定が入って、夕方になるとぐったりして、診療をしている方が楽だなあなどと思ったものでした。

年代の近い常任理事、夕刻誘い合わせて夕食をとることも多々ありました。ホテルで上京生活をしている三上裕司先生が東京の野中博先生にもちかけて私が乗る構図でした。皆単身で、年の割には元気で、あとは想像通りです。三重の山本会長に「日医に出ても酒を飲むな、お前は酒を飲んでも赤くならんから危ないぞ」と注意を受け、できるだけ慎むを旨としていましたが、乾杯の酒を遠慮するほどの度胸もなく、結局会長の忠言を無にすることとなりました。

東京での生活になって感じたことがいくつかありました。まず東京には桑名では壊滅した商店街が残っていました。日本医師会は文京区駒込にあって、下町の雰囲気が残り、お寺やお墓の多い所です。近くに巣鴨の商店街とか田端銀座などという惣菜屋、自転車屋、魚屋、八百屋が軒を連ねる所があって、昔懐かしく散策しました。

東京には、町名や名称の標示がない交差点がたくさんあります。今時、名古屋で標識のない交差点など見当たりません、なんで整備されているべき東京で？　と思いました。

東京の信号システムは複雑に変化します。地元の桑名、名古屋を車で走っていると、一つの信号の通過具合で、次々という具合に信号がどうなるか、ほぼ認識してしまいます。そして、そのパターンは通年変化しないものだと思っていました。しかし、都心の信号システムは、昼間と夜間そして、昼間にも夜間にも幾通りものパターンがありました。その変化も大きく異なる時、わずかな違いがみられる時、いろいろでした。さすが東京と思いました。東京は皇居を中心に形づくられています。皇居は円形のようで円ではありません。当然道路も名古屋や桑名のように縦横に単純に走っているだけではなく、放射状と縦横と環状の取り合いとなっており、私は地理感覚が悪くなって、位置の認識がなかなかうまくできませんでした。

仕事について述べるのが後まわしになってしまいました。

日医での私の担当は社会保険、病院、看護職（医療関係職）、共同利用施設等でした。常任理事に就任した四月から六月にかけて中央社会保険医療協議会委員（中医協委員）、医道審議会委員、社会保障審議会臨時委員、日本医療機能評価機構理事など重責を伴う役職に任命されました。それぞれの役廻りを理解して日本医師会として取るべき考え方を認識する必要があり、副会長や植松会長に指導をうけましたが、同僚であった東京の野中先生、大阪の三上先生そして年下の松原先生いずれをとっても私より数段知識、見識に長けており、自分の学識の足らざるところを痛切に感じました。私が育った地元医師会の学び考える環境が東京や大阪に比較すると劣っていることも思い知らされました。そうは言っても「知らない」では通らない話で、何十年ぶりに集中して必死でありました。

私が担当した分野で最初に形になった仕事は日医と縁の薄かった四つの病院団体や大学病院を日医に結びつけたことだと思っています。四病院団体と日医の間で定期的に協議会を開催するように、さらに全国医学部長病院長会議と日医の定期的協議会も設けました。日医が開業医の団体であるとの誹《そし》りからどれだけか解放されたと思っています。この両協議会、今も日医で開催されて意思疎通をはかっています。このことは私が日医でなし得た最も意義ある仕事だったのかもしれません。日本医師会はすべての医師を代表する団体でなければならないと考えています。

看護職に関する担当もしました。当時看護職についての問題点は、慢性的に不足している看護職をどう充足するか、准看護師の養成を続けるか、看護師の卒業後の研修をどのようにルール化するかの三点でした

看護職不足問題は厚労省医政局看護課のもとに「看護職員需給に関する検討会」が設けられていて、私は日医の担当理事として委員を務めました。初めに気づいたのは、検討会で議論のベースとなる統計や、実態把握がずさんであること、そこから導かれる結論は信憑性に欠けることでした。当時「不足程度は軽微であり二ないし三年後には需給バランスが取れる」としていました。私は全国の県医師会に調査を要請して独自に実数把握をおこない、平成十七年には九九％充足するとしていた看護課の調査に対して、一〇％強の不足である旨を指摘しました。看護課の統計ではパートタイマーの労働時間が把握されておら

ず常勤の労働時間で計算されていました。私は看護課に対してはいつも槍で突くような対応をして極めて評価の低い委員でした。

先述したように私は准看制度は廃止の方向でと考えていたわけですが、日本医師会のなかでは圧倒的に少数派で、植松会長からも性急に事を運ぶなとの指示もありました。当時日本での実動看護職は約一三〇万人弱、毎年五万人ほど新しく看護職が生まれているなか、その内訳は大学卒一万人、養成所専門学校卒看護師三万人、准看護婦一万人でした。我が国の診療報酬は医師や看護師の員数を基準にしています、これは今も変わっていない仕組みです。新卒看護師の減少は医療現場の混乱につながり、避けなければなりませんでした、結局准看問題は各県医師会から入ってくる不満の聞き役でした。

当時政府も端緒についたＦＴＡ（自由貿易協定）ＥＰＡ（経済連携協定）の枠組でインドネシア、タイ、フィリピン等から看護師を受け入れる方向に動きだしていました。私は厚労省の外部団体のＪＩＣＷＥＬＳ（国際厚生事業団）

の理事として具体的受け入れのルール作りなどに参加しました。

最近長年続いていた准看問題はほぼ耳にしなくなりました。これは日本国民の民度が向上しての自然な成り行きでしょう。これでいいと思っています。またこのところ外国人看護師問題の社会的比重は下がって、介護士のＥＰＡ枠組での受け入れ、技能実習生外国人の受け入れが多くなってきていて、これが日本の介護士養成の本流になるのではと思うほどです。円安になれば、人が集まらないのが道理です、長く続く円安が気になります。

看護師問題といえば内診問題がありました。平成一四年と一六年に看護師のおこなう内診は違法であるとの看護課長通知が発出されました。ところが地域の助産師の員数は圧倒的に少なくて、産婦人科で大きな混乱が起きました。当時植松キャビネットには産婦人科医がいなかった関係で、私が担当になりました。地元の婦人科二井栄先生や茨木の石渡勇先生に教えをうけながら対応しました。この問題は看護協会が問題提起したものと思っていますが、看護師の内診を禁じてしまうと現場の混乱は収拾できなくなります。この問題、これ以上燃え上がってはまずいと判断した厚労省医政局の原勝則総務課長が、解釈が困難などちらともとれるような通知を出しておさめました。この総務課長通知、私は勝手に「内診が助産行為としておこなわれるのか、医師の包括的指示による診療の補助行為であるか」によって判断するようにと解釈しています。この総務課長通知、発出される前に課長自ら医師会に足を運び、何回読んでもつかみどころのない文書を示して、「青木先生この文書で幕引きや」と、のたまわれました。本当かなという思いでしたが、看護協会と話をつけたぞ、との意味に解釈しました。このキャリア総務課長、人柄もすぐれた方でありました。

産婦人科といえば福島県立大野病院事件がありました。平成一六年、前置胎盤で帝王切開が必要であった産婦が手術後出血が止まらず死亡した事件で、執刀医が業務上過失致死、異状死届出義務違反で逮捕されたものです。平成二十年福島地裁で無罪判決が出て検察は控訴せず、無罪確定となった事件です。医師が一般的に必要と考えられる医療行為をおこなっているなかで起こったことであり、この件大方のマスコミの論調でも検察を批判しており、無罪判決を明確に支持していました。

担当医師が逮捕された直後日本医師会に連絡が入りました。午前中のことで、たまたま役員は私しかいなかったのですが、調査をしながら会長に連絡をいれました。私は善意でおこなっている医療行為、その医療行為としての判断にいきなり衆人の面前で逮捕とは遺憾であるとの趣旨で声明を出すのがいいと思いました。会長は「はやるな、十分調査をしてからだ」と判断を下されました。

戦後の武見太郎会長時代からの流れではありましたが、この頃は医師や医療界に対する世の風当りが強い時代でした。小泉内閣と対決し国民皆保険制度を守ることを強烈に主張した植松会長にも医師の独断、思いあがりという批判があった時代で、この逮捕はそのような世の流れのなかで起こったように思います。

私は日本医師会枠で中央社会保険医療協議会（中医協）委員を務めました。大変名誉なことでした。この時の診療報酬改定は診療報酬の本体で一・三六％、薬価で一・八％引き下げと決められたなか、中医協で個別の診療行為への点数配分をおこなったわけです。医療本体で一・三六％引き下げをうけた理由は、日本医師会が小泉内閣の混合診療導入に反対し国民運動を起こして、衆参両院で請願が採択され、内閣として動きを封ぜられた、その意趣返しでありました。前年に起こった日本歯科医師会の一億円献金事件を理由にして中医協委員の医師会枠制限、委員の定年制など、露骨に内閣府による日本医師会攻撃もありました。

この平成一八年診療報酬改定を高所に立ってふり返れば、国民皆保険である日本の医療保険制度が守られたという意味で、一時的な診療報酬引き下げより、国民にも医療者にも大変大きな価値のある歴史的な改定であったと考えています。

私は、個々の薬品や技術について健康保険に取り入れるか否か、また技術料や薬品の価格も中医協における医療者、保険者、公益委員の間の協議で決められ、その積算が国の医療費となる、と解釈しておりました。ところが私が中医協委員を務めた平成一六年〜一八年では診療報酬改定前年の一二月、国の予算の概算要求段階で医療費に枠がはめられその範囲内でどう配分するかの問題となっていました。医療費の総枠を決められたなかで有用な新しい技術や医薬品を保険に導入しようとすれば、既存の技術や医薬品の値下げをおこなう以外方法はありません。一八年改定でおこなわれたように医薬品と医療技術を合わせて三・一六％下げるのは暴論でありました。私が経験した改定で、特に集中的に引き下げられた分野は透析、慢性期入院料、コンタクトレンズ、眼科検査料、食事療養費の保険はずしなどで、さらに、小泉内閣の混合診療解禁に反対し、政府と対峙する姿勢をとった医師会への仕返しが診療所の初診料や再診料の引き下げでありました。しかし、このような困難のなか、平成一八年改定では新

中医協についてのニュース報道　左側が著者

規に心臓移植、肺移植、肝臓移植、膵臓移植を実現させせました。

日本医師会から選出された中医協委員としての二年間を経験し、大きな政治問題の渦中にある自分を自覚し、無力で無念でありました。

いささか品が落ちますが、委員を経験しながら肌身で感じたことについて記述します。

一．内閣府と厚労省は同じ方向には動かない。言いかえれば厚労省の官僚は内閣府の意向より、自分たちの省益を優先すると思いました。

一．財務省の官僚は他の省庁に比して突出して力が強く、またタフで優秀であると感じました。

一．厚労省看護課は日本看護協会と一体化している。同じ人があるとき日看協役員、あるとき厚労省看護課職員。日本医師会では考えられないありようです。

一．中医協委員は各種医療団体に強い影響力がある。

一．厚労省は米国の医薬品会社、医療機器会社に弱く、米国からの医療機器等の保険導入、価格決定のプロセスがわかりにくい。

一．日本の医薬品会社は厚労省の言うままだと思いました。

平成一八年三月、前代未聞のマイナス改定となる診療報酬が決定され四月一日には日医選挙代議員会が開催されて、事実上植松内閣の存続について信否が問われました。東京都医師会会長の唐澤祥人氏と植松先生の争いとなり、敗残の憂き目をみました。唐澤氏一九八票、植松先生一五二票でした。

植松先生を囲んで役員皆が日本医師会の事務部の狭い部屋で、開票状況を見守っていました、敗戦とわかった瞬間の会長の顔は文字通り血の気がひいて、今も鮮明に頭に浮びます。私も同じ思いでした。日医においてある私物等はダンボール箱につめて前日に桑名へ送ってありました。身一つで早々に日本医師会館を退去して、神保町のマンションに帰りました。この時の私は放心状態、虚脱状態でした。本来ならば、このあと東京の後始末をして家業にもどることなのでしょうが、二週間強東京のマンションで何もせず日を送っていました。それまでびっしり書き込まれていた手帳が空白のままです。

二期四年はというのが慣例でありましたが、植松内閣は二年で倒れました。その要因は、診療報酬の三・一六％（診療報酬で一・三六％、薬価引き下げ分一・八％）マイナス改定です。このマイナス改定は小泉内閣の出した指示でした。この指示は日本の皆保険制度を守るために混合診療導入に反対し衆参両院で採択された請願を成立させた日本医師会の運動に対して出された指示でした。国民のみならず我々医療者にとって、一時的な経済的損失より、今後も永年続く国民皆保険である日本の医療保険制度が守られたのは比較にならない価値のある大事でありました。

たった二年ではありましたが植松キャビネットが存在したことの意義は大きなものであったと信じています。

一九　植松会長の信念と教え

日本には世界に冠たる「国民皆保険制度」があり、WHOの報告では平等性において世界一と高い評価をうけている。また、対GDP比の医療費がアメリ

国民医療を守る全国総決起大会（日比谷公会堂）

カの半分で経済効率も良い。つまり、我が国の国民皆保険は一定レベルの医療がいつでも、どこでも、だれでも、平等に、安心してうけられる制度になっている。にもかかわらず小泉首相は「聖域なき改革」と称して市場経済原理に基づく経済至上主義によって、我が国の医療制度を破壊しようとしている、それは医療もビジネスであると考える小泉内閣の混合診療導入に端的にあらわれている。混合診療の導入を許してはならない。

　要約すると、以上が植松先生の考えであり信念でした。混合診療とは保険診療と保険外診療（保険のきかない）の併用を認めることですが、

植松会長を囲んで

政府はさらに株式会社の医療への参入も公言していたわけで、これは医療を消費ととらえ、いかに収益をあげるかが目的となり、医療本来の姿を失い、日本の社会保障制度の破壊につながる。これを許してはならない。

植松会長は直面している日本の医療制度の危機に対して国民運動で打開しようと考え、大阪では二万人集まった集会を開き、日本医師会にあっても老人会、各種医療団体、ＰＴＡなどで国民医療推進会議を組織して、住民運動をおこない一〇〇〇万人の署名を集め、衆参両院に請願をおこない、これが実って衆参両院で採択されるに至り、混合診療導入や株式会社の医療への参入を阻止することができました。この署名運動には県医師会を通して郡市医師会の個々の会員も参加しました。

植松会長は実に信念の人でした。「いつでもどこでもだれでも安心して」という熟語は我々にとって念仏になっていました。各地に出かけ講演すると必ずこの言葉が出ていました。

歴代の日医会長をみても植松会長ほど時の内閣の方針に真っ向から立ち向かいその非を唱えた会長はいません。そのような会長の下で教えられ行動できたのは何にもましてありがたいことでした。

私は植松会長に出会えたことを大変幸せであったと思っています。信念をもって生きることの大事さを教えていただきました。

二〇　日医の思い出

日医に出たこの二年間、私にはたくさんの思い出があり、日々新たな経験をした感をもっています。

平成一六年一〇月二三日夕刻、紀宮清子内親王殿下御臨席のもと、日本保育園保健学会が有楽町の東京国際フォーラムで開催されました。開会の辞に引き続き御臨席いただいた紀宮清子内親王殿下の御言葉をいただき、尾辻厚労大臣の祝辞、そして日医植松会長の代理として私が祝辞を代読させていただきました。清子内親王殿下は壇上の席についておられ、私も殿下と同じ舞台上で着席して、功労者表彰がおこなわれていた五時五六分すぎ、新潟県中越地震が発生しました。殿下の頭上に複数連なった照明灯があってそれが軋む音をたててゆ

平成16年世界医師会東京総会　両陛下ご臨席

り動きました。会場は国際フォーラムで、空間の大きい構造でした。そのとき避難する方がでていましたが、内親王殿下は着席のまま微動だにされませんでした。人間性であり、教育でしょうか、誠に感じ入りました。

同じ平成一六年の一〇月六日から四日間、東京で世界医師会東京総会が開催されました。もちろんこのような大会は初めての経験でしたが、日医には国際課があって、私の仕事は同時通訳のイヤホンを付けて会場にいることだけでした。しかし夜になると晩餐会、レセプション、

世界医師会東京総会レセプションにて

夕食会と毎日続き、その違いなぞわからないものの、ある日会場に天皇皇后両陛下の御来臨をいただきました。同席していた家内、常任理事の奥さんたち、徒党をなして両陛下のお傍に寄りお言葉をいただいたのどうのと大変な興奮状態。大層はしたないと思いはしたものの、何ができるものでもなくて、私は席に座っているだけでした。

開催された世界医師会総会のテーマは「先端医療と医の倫理」でありました。日本が直面していた進歩する医療技術をどう健康保険に取り入れていくかは今も

アジア大洋州医師会連合（CMAAO）でシンポジストとして

変わらない大きな問題です。

平成一七年九月にはソウルでアジア大洋州医師会連合（CMAAO）大会が開催されました。昭和三一年日本医師会が音頭をとって立ち上げた、アジア地域中心の医師会間の組織です。

私はシンポジストとして、日本における医療保険の現況について話をさせていただきました。北欧を中心とした、税中心の大きな社会保障、米国にみられるような公の介入が少ない民間保険中心の市場型のモデル、そしてドイツフランス日本の社会保険料と税で組みたてられている医療保険、それぞれが抱えている問題点について述べると共に、日本では拡大する医療費、伸びない財源、少子高齢化で老人医療費が伸びているなか、混合診療問題が発生している経緯について話しました。

日医在職中、日本各地を訪れる機会に恵まれました。医師会という組織、特に郡市区医師会では、医師会員が地域医療の向上を目的として各種の事業をおこなっています。それは医師会病院、夜間休日応急診療所、検査センター、看護学校などです。事業ごとに医師会間で情報交換をおこなうなどして交流をもっています。これを共同利用施設と名づけて、地域ごとまた全国レベルでも会合を開いています。共同利用施設担当であった私は全国各地から招請をうけ、北海道から沖縄まで出かけることができ、楽しい思いをさせていただきました。

二一　三重県医師会会長になりました

平成一八年、日本医師会での選挙に敗れ、三重にもどってまいりました。もちろん家業に従事する時間も増えましたが、元来医師としての学識と手技に劣る私がさらに出来の悪い医者となっていました。その自覚に基づいて日々若い人にいろいろと教えを請うて、なんとかやってきました。こういうところで恥ずかしいとは思わないのが私の長所でしょう。

三重県医師会はもどってきた私に理事職ポストを用意してくれていました。このような厚遇は日医時代の仲間で私だけでした。もどった私には、主に三重県での社会保険審査部門の仕事が割り当てられました。レセプト審査で、また個別指導で医師の裁量権が尊ばれ、確保されるよう努力しました。

三重県にもどって四年間、日医へ行く前と同じような生活をしていましたが、平成二二年春には年功序列で三重県医師会の副会長に選任されました。次の期、平成二四年二月の三重県医師会の選挙で会長に立候補して当選しました。

私は五四票で対立候補は二八票でした。ただしこの選挙、私は選挙直前まで従来通り副会長を続けるつもりで副会長への立候補届けを書いておりました。選挙直前に、現職会長はじめ数人の私を可としない人たちが青木を消し去ろうと謀議して、二人枠の副会長選に三人目の立候補者を出し、二名連記制の選挙を利して私を落選させようとしたわけです。この企みは津市内のふぐ料理屋でふすま越しに山本前会長に聞かれてバレてしまうという小説で仕立てられるような実話がありました。つまりそれまでの青木・松本の副会長体制をくずす意図があることが立候補締め切り直前に判明したので、さてどうするか、即決しました。

私は会長選に立候補して戦うこととしました。選挙の一週間前に副会長から会長選に鞍替えするのも定見のない話でしたが、決意のほどを仲間うちに伝えると、予期せぬほどに多くの人たちが選挙の応援に集まってくれて、協力、分担して選挙を戦う体制になり、選挙運動の体をなしてきました。投票前日には、なんとか勝てるとの思いがありました、しかし医者の世界は狭いもので、出身大学や出身医局の動き、影響がどれほどのものかはかり難く、未知の世界。対立候補の現会長は、三重大学出身、私は名古屋大学出身で、ある意味孤独な立ち位置、三重県医師会会長は四代二〇年三重大学出身者が続いていて、それだけに不安な、自信のもてない状況でした。

代議員会が始まり投票直前の応援演説で、長年共に医師会仕事をしてきた伊藤勉先生が的をはずさぬ絶妙の応援演説をしていただき、演説が終わった時、勝ったと思いました。この演説録音できるものなら録音しておきたかった。

三重県医師会で会長選がおこなわれたのは四二年ぶりのことです。選挙があって組織が引き締まり、論功行賞がおこなわれて本来の仕事がなされてゆく

三重県医師会設立記念及び役員就任披露パーティ

のは大事なことで、私も選挙後四～五年は緊張感をもちながら強力に仕事を進めることができたと思います。

平成二四年五月には三重県医師会の役員就任披露パーティを開催して日医会長であった植松先生、東日本大震災を共にした鈴木英敬知事、日医時代机を並べた東京都医師会会長野中博、同じく伯井大阪府医師会長、また柵木愛知県医師会長諸氏の御来臨を得ました。私はこの平成二四年から平成三〇年六月まで、六年余三重県医師会会長を務めさせていただきました。鈴木英敬知事と東日本大震災を

中部医師会連合委員長として

共にしたと書きましたが、事実は平成二三年三月一一日一四時四六分すぎ、文字通り桑名の病院の一室で鈴木知事と二人だけで会談中、地震に遭遇したという事実を述べたにすぎません。後々知事も私も尾鰭を付けた話をしてはおりますが、私が「これは私の眩暈《めまい》ですか本当にゆれていますか？」と知事に尋ね「ゆれていますよ」との答え、以上です。尾鰭がつくと二人で外へ飛び出したなどとなっていました。

平成二五年六月二日（日曜日）鳥羽の神島で「潮騒の集い」が開催されました。この催し、鈴木知事が神島に三島由紀夫の

「潮騒」を記念した公園をつくり、映画「潮騒」で主演された吉永小百合さんが知事の招待で、四九年ぶりにロケ地であった神島を訪問されたものです。この歓迎イベントに招待をうけました。植田副知事が私に神島に行きませんかと誘ってくれました。私、厚かましくも家内同伴で、神島に参りました。植田副知事御自身が案内役をしてくださり、歓迎をうけました。私の年代あこがれであった吉永小百合さんに会えて感激しました。

前述したように、選挙を経て組織の長となりましたので、やろうと思う仕事を強力に実行する力を得たと思いました。役員等の意見は聞きながらも、決定は自身の判断でできる体制でした。県医師会長として六年余、在職中に実行した仕事、順不同で記させていただきます。

・公益社団法人三重県医師会

一般社団法人であった三重県医師会を公益社団法人に改組しました。

・三重大学医師会創立

平成二五年四月一日をもって三重大学医師会を創立。初代会長は登勉先生。全国レベルでみると大学医師会が存しない県は数県であり、三重県医師会にとっても学術に重きを置く大学医師会の必要性は高いものでした。

・医療ネットみえの発展

救急医療について住民の用に供する目的で誕生した医療ネットみえに県内すべての医療機関の一般情報も公開しました。

・警察医会の組織改編と県医師会内に警察医検案委員会設立

三重県では昭和六一年に医科と歯科の警察医が合同して三重県警察医会を設立し、永年活動をしてきましたが、平成二七年三月末日をもって解散し、医科は県医師会が引き継ぎ、県医師会内に警察医検案委員会を設立しました。全国警察医会が日医の会内組織となった流れをうけたものでした。

・県医師会会費値上げ

平成二七年A会員の会費を値上げさせていただきました、（七八〇〇〇円を一二〇〇〇〇円）そしてC会員（研修医）の会費無料化（三六〇〇〇円を〇円）会費値上げは勇気がいりました。

・三重県医療勤務環境改善支援センター開設

平成二六年八月、県の要請により県医師会内に開設。平成二七年には「女性が働きやすい医療機関」認証制度を創設しました。

・第四八回全国学校保健・学校医大会

平成二九年一一月三重県総合文化センターで開催しました。テーマ「輝ける未来を築く子供たちのために〜今学校医ができること」。伊勢神宮

中日新聞

県が支援センター

…ける環境に

経営面の相談も

県は二十八日、看護師ら医療従事者の勤務環境改善に取り組む医療機関を手助けする拠点「県医療勤務環境改善支援センター」を開設した。離職を減らして長く働いてもらえる職場づくりを目指し、働き方や休み方の改善、メンタルヘルス対策、育児・介護支援などにつなげる。

医務国保課によると、都道府県では福岡、岐阜に次いで三番目の設置。十月から施行される改正医療法は病院、診療所の管理者に勤務環境の改善に向けた努力義務を設けており、法の施行に先立ってセンターを設置することにした。

同課によれば、県内では二〇一三年に新任看護職員の7・3%が

託

療経営コンサルタントを派遣するほか、電話相談を受けたり、勤務環境の改善計画づくりの講習会を開いたりする。

県医師会館（津市桜橋）にセンターを置き、県医師会に事業を委託して運営。同課は「労務管理と医療の経営面などの支援を合わせて委託するのは全国初」としている。

とこの大会を結んだアピールは成功でした。

・第七二回日本公衆衛生学会総会

三重大学笽島教授が学会長を務められ開催された日本公衆衛生学会総会に副学会長を務めました。これだけ大きな規模の医学会を三重で開催したのは初めてでした。

・三重県医師会松本純一副会長を日医常任理事として送り出

「中日新聞」
（平成 26 年 8 月 29 日）
三重総合版

23 三重総合 2014年（平成26年）8月29日

看護師ら長く

た。出産や育児が離職の原因になることも多い。

センターでは、社会保険労務士や経営面も考慮して相談に乗る医

医師会に

佐々木孝治医療対策局長が看板を設置した。

問い合わせは、センター＝電059（253）8879＝へ。

（相馬敬）

看板を掲げる青木センター長㊨と佐々木局長＝津市桜橋の県医療勤務環境改善支援センターで

しました

平成二六年のことです。横倉義武日医会長のもと日医常任理事となった松本先生は中医協委員を務めるなど、社会保険の分野で活躍しました

・地域包括ケアと地域医療構想の三重県版を県と県医師会でつくりました

平成二八年の第七次医療計画に盛り込みました。

二二　地域医療構想を頑張ったけど

平成二六年制定された医療介護総合確保推進法、今後の地域医療のガイドラインとして重要であると考えました。当時、私は日本医師会で地域医療対策委員会委員長を務めており、日本が少子高齢化時代をどう対処していくか、かじ取りの難しい問題であること、そして法案成立過程も知るところでした。この法案を大きく分類すると地域包括ケアと地域医療構想に分けられます。

地域包括ケアは医療と介護がコラボレーションすることで、今後著しく増加する要介護、要医療高齢者の便に供しようとするもので、医療と介護の風通しをよくして協力することは、誰もが一致するところであり、具体的方法を作成するのに力がそそがれました。

地域医療構想は、提供する必要のある医療の種類、量、質などを地域ごとにはかり、整備しようとするもので、地域ごとに、二次医療までは完結するようにして、三次医療についても地域に合ったルールを作るのが目標でした。疾病の状態を考えて四つの病期（高度急性期、急性期、回復期、慢性期）ごとの必要な病床数を算出して、更に医療の質に目標をもち、場合によっては、区域を超えた範囲での診療体制を整えるなど、医療を合理的、効率的に考えていこうとするものです。

当然政府は医療介護費用の削減という財政目標も入れています。つまり病床削減です。この病床削減、全国レベルでは令和五年時点で削減目標を上回る病床減がみられています。公立病院の占める割合が大きい三重県は他県より順調に地域医療構想が具現化してもいいはずですが、なかなか進捗は得られていません。平成二六年頃より、県医師会は馬岡晋常任理事中村康一理事の二人が、県もまた二人の担当者を出して、この四人を中心に会議を重ね、調整のため県内を駆けずりまわって、それこそ一所懸命、各地で会談を重ねました。病院にとって病床数を削減するとか、病院と病院を統合しようとかの話まで踏み込むのは個々の利害、時には存立にまで踏み込むことで、そう簡単には進まない話でした。

本来二七年度でまとめる予定の三重県地域医療構想は一年遅れとなりました。私は鈴木知事に二八年度には決着をつける旨話して承諾してもらいましたが、このとき「二八年決着にだれが責任をもつのか」と問われ、「医師会」と答えました。三重県地域医療構想は地域医療、二次救急医療がある程度完結している地域として、県下を八つの区域に分けました。各区域は人口二〇～三〇万、交通事情を考慮して三次医療については近隣区域で対応する、また疾病によっては集約化を進めていくこととしました。八つの区域とは桑員、三泗、鈴亀、津、伊賀、松阪、伊勢志摩、東紀州です。

地域医療構想を進めるにはそれぞれの区域で急性期から慢性期の病床の量や

医療の質が考慮されなければなりません。また、地域での医療の質が向上するには増床する必要があるケースも出ます。これらを詰めていけば当然の帰結として病院の統廃合に結びつきます。しかし七年経過した今でも大きな動きはありません。地域ごとの医療の種類とその量、また四病期についての必要病床数などを算出することは難しく、いわんや介護の入ってくる慢性期においては答えはないでしょう。三重県地域医療構想が成立した平成二八年度末「二〇二五年までにそれぞれの区域の病床数を収斂させていくこと」が目標でした。あと二年弱です。

今年も財務省は「医療法上地域医療構想に反する場合、知事が指示要請できる規定があるにもかかわらず、命令、要請、勧告はゼロである、新たな法制対応をとるべきである」と言っています。

以下は地域医療構想立案時のエピソードです。南勢医療圏で三次医療を担っているのは伊勢日赤病院です。ここに古くなった市立伊勢総合病院の新築の意向が出てきて、しかも三次の医療機関を目指そうとしました。医療提供体制のあり方を考えれば人口の少ない南勢医療圏では日赤病院と市民病院の二つの三次医療機関は不用です。不用どころか、症例を重ねることで鍛錬される各分野の専門医にとって経験する症例が少なくなり、結果として練度が落ちることとなり地域住民の不利益になりかねません。しかし市長さんにとっては市民病院を新築し高次の病院を目指すならば、人気を博しアピール度も高くなるのでしょう。地域医療体制を考えれば、そして医療費の無駄使いの観点からも問題があります。

昔から松阪には松阪三病院との通称があります。それぞれ市民病院、厚生連、済生会の病院です。地元住民に愛され評価もされていますが、より高度な医療を備えて地域住民の医療ニーズに応えるとの観点で考えれば、病院を統合して規模を大きくするのは見識ある考え方です。もちろん実現はしていません。

余談になりますが、私が日本医師会常任理事の時、厚労省医政局の人との雑談のなかで聞いた話です、医政局指導課に配属される若い官僚に与えられる課題の一つとして「松阪三病院をどう考えるか」があるそうです。また近県の課題例としては「岐阜県の中央線沿線の多治見県立、土岐、瑞浪、恵那、中津川各市民病院を医療供給体制の観点からどう考えるか」があるとのことでした。厚労省キャリアは鍛えられています。最近土岐で二病院の統合が実現すると聞きました。二〇二五年に向かって動いています。三重県も国が法規制に手をつける前に医師会として動く必要があります。

二三　政治が大事と思っています

私は、日本医師会の常任理事に就任した頃から政治活動が増えました。最初の経験は平成一六年の参議院選で、日医の擁立候補の応援でした。三重県での

自見はなこ、山本さちこの両氏を応援

活動が中心でしたが、全国レベルの運動もあり、七月の暑い日、選挙カーに乗って静岡～山梨～長野各県の郡市医師会を一日で回り、満足感もなく、ただ疲れたことが記憶に残っています。組織候補の応援はなかなか気合が入らないのが実際でした。

私自身が選挙向きなのかどうか自分でもよくわかっていません。大学生、勤務医時代、周囲の人たちは「青木は政治家的動きをする男」ととらえている人が多かったと思っています。父親が名大黒い霧事件でセンセーショナルに騒がれた影響が、人に、青木重孝は…と思わしめている側面があり

三重県知事選挙で県医師連盟は鈴木英敬氏を推薦しました

そうです。

私は「政治は大事」と思っています。

日医横倉会長の下での平成二八年の参議院議員選挙、会長が日本医師会の推薦候補を、自見はなこ氏と決められた前後に、横倉会長から電話があり「次の参院選自見庄三郎の娘さんでいこうと思うが」との話を伺いました。五〇年も前の西医体で知り合った、横倉会長、自見庄三郎、旧知の間柄、しかも自見はなこさんに会ってみて、人柄が良くてしっかりされた方と感じました。世のなかどこかでつながっているものだと思いました。この時自見はなこで頑張ったつもりの三重県医師会、三重県では恥ずかしい票数でしたが、無事参議院全国区で当選され、コロナ時代の初め頃、ダイヤモンドプリンセス号でも活躍されました。二期目もクリアー。そのうえ、このたびの組閣では二期目にして、早くも大臣、私は楽しませてもらっています。自見はなこさんの一期目の参院選のとき三重地方区から桑名出身の山本さちこ（自民）さんが出馬され、私は県医師連盟の委員長として自見はなこ、山本さちこのそろい組で集会、講演会を開き、山本さちこさんとも知り合いになりました。見識ある、頑張り屋さん。同じ桑名ということもあって、私は山本さちこ後援会会長をさせてもらっています。後援会会長として県議選、参院選を経験しました。山本さちこさんは令和三年の参院選で勝利し、私には参議院議員会館がより近くなりました。

三重県知事を経て令和二年暮の衆議院選挙で当選した鈴木英敬氏、平成二三年の東日本大震災を共にしただけでなくその人物の大きさ、英知、包容力、を感じます。私は旭丘高校時代、鈴木英敬氏に似たにおいのする人物を幾人か知りました。日本医師会時代キャリア官僚のなかにも感じました。鈴木英敬氏、大きく育って国のリーダーになってほしいと思っています。

三重県といえば田村憲久代議士、御存じ厚労族で元厚労大臣、私は三重県医師会役員で昔は日本医師会役員、医政のことをいろいろお願いしようと思って度々お伺いするのですが、田村さん、知識が豊富で話も説得力があり、いつも負けてしまいます。このところ自民の県連会長として令和二年一〇月衆議院選で三重県の四つの選挙区すべてで自民党代議士を誕生させ、参院も表、裏ともに自民が勝ち三重県を自民王国に育てられ、三重で抜きん出た指導者になられました。

参院選自民吉川ゆうみ氏が初回当選された平成二五年の参院選挙の時、安倍首相が応援で三重県に入られ、津で少し時間ができたからと首相、三重県選出代議士、地元三重県の自民支持団体の長五〜六人が方形のテーブルに着いて、司会者が安倍首相に何か発言、希望がありますかと問われました。ちょうど首相

安倍晋三首相と著者

の真正面であった私、手を挙げて「三重県はこれまで厚労大臣を多く輩出している県です。このたびも大臣として活躍していただける方がいらっしゃいます。どうぞよろしく」と申し上げました。このあとの第二次安倍内閣の組閣で田村厚労大臣が誕生しています。関係あるでしょうか？

二四　役所と対峙しつつ

先にも述べましたが、県医師会会長と

して経験した医療介護総合確保推進法、三重県内の問題として具現化する努力をしました。我が国の高齢化社会にあって人口減、多死社会をどう乗り越えるかを考えながら地域医療構想を組み立てる仕事はやりがいがありました。

私は長年厚労省とは対峙しつつ医師会活動をおこなってきたつもりでした。しかしこの問題でいつの間にか厚労省、県と手を携えて共に考え、行動するようになっていました。何ということでしょう。自身のこの変わりよう、どう評価すればいいのでしょうか。

私は平成三〇年六月二八日三重県医師会会長を辞任しました。二年の任期のちょうど真ん中でもありました。長年一緒に仕事をしてきた仲間が幾人もひき止めてくれました。バカなことをするなとまで言ってくれました。任期途中というより六年が区切りだと思いました。県会長職六年仕事をさせてもらって、マンネリ化を感じました。国や県と対峙してこその仕事が同じ方向になっていました。また長年の盟友である松本先生が日医副会長選で負けました。私の責

日本医師会常任理事／三重県医師会副会長　松本純一先生

全国学校保険・学校医大会であいさつする著者

任でした。会長職を私するつもりはありませんが、私のあと松本先生がやってくれればとの思いもありました。県医師会長として、全国学校保健・学校医大会を三重県で開催できたのは自分にとって花道だとも思いました。「医師会仕事は遊びにすぎん」。いつも頭の片隅にあったのですが、少々道楽が過ぎました。

二五　話題のコロナに託《かこ》つけて

今、医師会を引退して医療介護のコラボレーションに重きを置いて日常診療をおこなっています。高齢患者の気持ちが理解できるぶん、年寄り医者には合った仕事です。そして、又候《またぞろ》日本の医療、こんなことでは困ると思っています。年寄りの戯言だとは思っていません。

二類感染症と位置づけられたコロナ、誰しもまずワクチンだと思いました。私もです。日本の製薬業界と大学の研究室が協力して、世界でも先陣を切って有効なワクチンを創出すると思いました。日本にはそれぐらいの力はあると思っていました。しかし、何も出てきませんでした。なぜか。日本の製薬会社の研究、創薬開発能力が低下していたのです。

他方この三~四年の間に日常診療で薬の供給が不安定になって日々の診療で投薬、注射等に使用する医薬品の供給に差し障りが出ています。そしてこのような事態に厚労省は出荷調整などという意味不明の言葉を用いて説明にならない説明をしています。なぜワクチンが創出できない、そして日々必要な薬品も安定的に供給できない事態になったのでしょう。双方とも問題の根っこは同じです。薬の価格が著しく下げられた故です。

医療の価格は薬も医療材料も医療技術も保険収載されるかどうかも中央社会保険医療協議会の場で決められています。そして医薬品の価格は二年に一度見直しされています。今は毎年見直されているようですが、三〇年以上診療報酬改定のたびに引き下げられてきました。この薬価引き下げが当り前のこととしてくり返されてきたその結果、先発品製薬会社の体力が落ちて研究、新薬開発をおこなう能力が失われてしまったのです。

観点を変えて言えば、先発品、後発品の問題が端的に今の製薬業界のありようを反映しています。厚労省は処方薬局を拡充させて、後発品使用を保険のルールとして強要してきました。その結果、先発品を開発し販売してきた製薬会社は診療報酬改定のたびに薬価切り下げをうけ、採算割れとなり後発品会社へ薬を譲渡する。そして後発品会社は正確に品質に問題のない製品を作り出すことができず、順調に出荷ができなくなる。出荷調整ってこういう意味だと理解しています。

なぜ厚労省は薬価引き下げを恒例として診療報酬改定のたびにおこなってきたか、なぜ引き下げが必要なのか、それは日々進歩する医療技術や新薬を健康保険に取り入れるための財源を捻出する目的です。この薬価引き下げ、今年は総額三〇〇〇億円と公表されていました。この三〇〇〇億円は新規医療技術などを保険に収載するのに使われる財源になります。

国は新たな財政出動することなく医療費をまかなうわけで、これがくり返されてきた結果が、やせ細った、そしてコロナワクチンを作り出せない製薬業界と、予測に反して伸びのない日本の医療費、つまり国民に対する医療サービスの低下となっています。税収が予想外に伸びている今、根本的に考えを改めるべきです。

昭和の終わりから平成の初め頃予測されていた今時《いまどき》の日本の医療費は百兆円を超えているはずです。半分にも達していません。国民医療費は四六兆円です。この四六兆円のうち、個人と会社が負担する社会保険料と本人負担医療費を除いた国の負担は一二兆円弱にすぎません。国民医療費を極端に圧縮してきた結果が先進国の医療の進歩についていくのが難しい日本の医療になっています。

そして長年使われ、安価で評価され、事故もなく、効果のある医薬品が供給できない事態になっています。

その渦中、医療の世界ではコロナバブルが出現しました。コロナのワクチン接種にそしてコロナ病棟へ空床補償という名の莫大なお金が投入されました。年間二〇億円の赤字であった大病院がコロナのおかげで二〇億円の黒字になったなぞとの話を聞くだけではありません。小病院である当院は当初からコロナワクチン接種、発熱外来を積極的におこない、県の要請をうけ、数床のコロナ病床を引き受けました、例年一億円の黒字が難しかった病院なのに令和四年度決算、三億六千万円の黒字でした。コロナを含めた医療への国の財政出動のあり方、なんともちぐはぐ、肌身感覚に合いません。

はっきりしているのは、「平時の医療を充実することこそが、新興感染症に対応する基本」であります。この次の新興感染症、地球温暖化によりシベリアの永久凍土が溶けだして何千万年も密封されていたウイルスが動きだすなぞという構図ではないでしょうか。

二六　おわりに――浄土真宗高田派のなかで

父親が亡くなり、残った母親のもと兄弟そろって律義に法事をおこない父親の五十回忌をすませました。平成二一年に亡くなった母の十三回忌が終わったところです。

父の相続の書類を整えたとき、必要があって何代か前から住まいしていた河芸郡高野尾村の役場を訪ね、自分で我が家の先祖を追って、系図らしきものをつくってみました。その時に書き記したものは紛失してしまいましたが、私から遡る五代前に赤塚の姓から青木の姓に変わっていました。つまり養子に入っていました。また、知ってはいましたが、女性が女としか記してありませんでした。さらに、役場の人の話で、この河芸郡高野尾村の地は青木、赤塚の姓が多いこと、室町時代の戦乱期に滋賀の、蒲生の地から流れてきた人が住み着いたと聞きました。

私は宗教にあまり関心がありません。しかし、法事を重ねるにしたがって少しずつ縁なきものでもなくなってきました。

青木の家は浄土真宗高田派です。浄土真宗は、本願寺派、大谷派、それ以外に佛光寺派、高田派、三門徒派など十派に分かれていて、合わせると二千万人近い門徒がいるそうです。

徳川家康が本願寺派を西本願寺と東本願寺に分派させて、真宗の力を削いだのは教えられる話ですが、本願寺派、高田派の間でも時の権力者と結びついた抗争が激しかったようで、特に戦国の世にあって、加賀や三河の一向一揆では、為政者と本願寺派の争いだけでなく、為政者側についた高田派が本願寺派と抗争し、同じ親鸞を宗祖とする間でありながら宗派間で激しく争っています。

私は桑名で育ちました。隣は伊勢長島です。戦国の世多くの衆が織田信長に歯向かって殺された本願寺派の拠点の一つでした。現在、長島は木曽川と長良川に挟まれた文字通り一つの島ですが、当時は十個ほどの小さな島や洲の集まった水郷地帯で、また木曽川の東にある木曽岬町、弥富町(市)、立田村あたりも同様で、信長は長島に攻め入るのに尾張方面から進軍したのではなく、美濃の養老山地から多度山の麓を通って入っています。水路が多く、洲に囲まれた水郷地帯は大軍を動かすには不向きであったのでしょう。いろいろな書物に長島の一向一揆、住民は皆殺しにあったと書かれています、しかし、この一帯の事情を考えると皆殺しはなかったのではないかと思っています。さらに桑名の南東端で揖斐川、長良川を挟んで長島に隣接する漁港である赤須賀の地は高田の門徒の多い地域です。私は赤須賀で育った二男、三男が対岸の長島で生活拠点をもった例を幾人か知っています。本願寺派と高田派は赤須賀でどういう関係であったのでしょうか、宗派間には抗争の話しかなかったのでしょうか。

私は親の法事を重ねるにしたがっていつの間にか南無阿弥陀仏だけでなく、正信偈、和讃など唱和ができるようになっています。七五調の和讃はひとり口ずさむこともありますし、御書《ごしょ》の中には平家物語に似て心に汲み入るものもあります。

人は結婚、入学、入社とかで大きく環境が変わる時があってその後の飛躍や落ち込みにつながって、その中であがいて努力して生きていくのが自然な姿であろうと思います。

和讃

（一）不退のくらいすみやかに
えんと思わんひとはみな
恭敬の心に執持して

弥陀の名號称すべし
（二）生死の苦海ほとりなし
ひさしくしづめるわれらをば
弥陀の悲願のふねのみぞ
のせてかならずわたしける
（三）恩愛はなはだたち難く
生死はなはだつきがたし
念仏三味行じてぞ
罪障を滅し度脱せし

旭丘高校を卒業した時、多くの友人が東京の大学へ進学して、名古屋に残った私は、寂寥感を覚えました。私はネイティブで生きてきました。岩月舜三郎の指示はネイティブで生きよという意味でした。この言葉、これまで人生の節目で不思議と自分のなかで湧き出てきて、結果として七七年の人生ほぼ桑名で過ごしました。父親が若くして亡くなり、そうするよりなかった側面もあります。しかし桑名の地になじんだ、とけ込んだというのは違うなと感じています。

それでは桑名の地がなじめないのか、嫌いなのかと自問するとそうでもありません。二〇二二年の参議院議員の選挙では地元の山本さちこさんの後援会会長を、一端の桑名通の顔をして喜んでやっているわけで、地元が好きか嫌いかネイティブかどうかもどうでもいいことなのでしょう。

宗教も同じ感覚で私の環境のなかにあったから特に疑いもなく正座してお経を唱えています。好きな御書《ごしょ》を一つ。

倩々《つらつら》世間の転変を観《かん》ずれば、哀傷の涙袖にあまり、静かに此身の浮生《ふしょう》を思えば、憂懐の悲しみ肝に銘ず。然れば経に一切有為《うい》の法は夢幻《ゆめまぼろし》の如しと言えり。四季転変の消息《ありさま》、生住《しょうじゅう》異滅の道理《ことわり》、寔《まことに》に有情も非情も變《かわ》る所なし。春の朝《あした》に花をもてあそびし人も、夕《ゆうべ》には北芒《ほくぼう》の風にちり、秋《あき》の夕べに月を伴し輩《ともがら》も、暁《あかつき》には東岱の雲に隠《かく》れぬ。あゝ悲哉《かなしきかな》、人の世にありて求むる所、意《こころ》の如くならず。樹静《うえき》ならんとすれども、而《しか》も風止まらず。……

【さらに一言】医療法改正とは

日本の医師は医師法、医療法、健康保険法などの下で仕事をしています。私は医療法のもとで規定されている分野で仕事をする機会が多くありました。この法律は病院や診療所等の開設管理、医療と介護のあり方、医療計画、医療機関相互間の機能分担（地域医療構想）医療提供体制、医療安全、医師確保問題、医療法人制度などを定めています。

医療法は、第二次世界大戦後荒廃した医療施設を整備する目的で、昭和二三年に制定されていますが、その後だんだん戦後の復興が進み、昭和五十年前後になると、日本は経済的にも豊かになって国民皆保健である健康保険制度も充実して、医療の量的整備も急速に充実しました。医療の量的整備が進むと医療費の増大につながります。昭和五十年代の半ば頃から医療費の増大は政治問題となり、ついには医療費亡国論まで唱えられました。

そのようななかで、医療費抑制策として昭和六十年に病床の増加を抑える政策である医療計画が打ち出されました。これが第一次医療法改正です。この第一次医療法改正での病床規制とは、都道府県内に医療圏と呼ぶ区域設定をして医療圏ごとの病床の総量を規制をし、知事権限で病床認可制としたものです。三重県を例にとりますと南北に長い三重県、北の四日市を中心に北勢医療圏、県庁所在地津を中心に中勢医療圏そして伊勢を中心に南勢医療圏、尾鷲熊野を中心に東紀州医療圏と四つの二次医療圏が設定され、これだけでは律し切れない伊賀地方と伊勢志摩地方の二ヶ所にサブ医療圏という法的裏づけのない、医療圏というには実体に乏しい圏域が設定されました。各医療圏での三次医療を担う、つまり中心となる病院は南勢では伊勢日赤病院、中勢では三重大病院、北勢は市立四日市病院となります。北勢については県は県立総合医療センターを中心にと考えて公的補助もそちらを重視していました。がんの手術症例数も比較にならないほど市立四日市病院が多いにもかかわらずがん拠点病院も県立総合医療センターにもっていこうとします。このようなあいまいさを残しながら病床（一般病床、療養病床）については医療圏ごとの総量規制を実施し許認可は知事権限として、事実上増床を認めなくなったものです。しかし、地域で必要な小児病床、産科病床、大学付属病院の病床などは少しずつ許可されていきます。政治力学も働きます。私は県医師会を代表して県の医療審議会に参加していましたが、自由開業制のもとでの総量規制にはむなしさがつきまといました。第一次医療法改正は政府の意図した医療費抑制に十分効果がありました。しかしベッドが増加しないことで医療における競争が希薄になり、医療機関の患者さんへのサービス低下というよくない側面があらわれ、それは四〇年も経過した今になっても変わっていません。

このような競争原理の働かないそして患者サービスに欠ける医療機関のあり

ように対して、政府厚労省は看護体制充実の義務化、医療事故防止の規定、医師薬剤師看護師等の必要数、情報提供必須化、一病床あたり面積を規定するなど、競争原理を働かせてではなくて、ルールという網をかぶせて、つまり官僚的方法で日本の医療を進化させてきました。つまり、法的しばりをたくさんたくさんつくってきました。今や自縄で呼吸困難に陥っています。最近ではコロナ診療体制特に入院治療での規制と補助金が格好の例でしょう。

昭和六〇年以降医療法は五～六年に一度ずつ大きなまとめの改正がおこなわれてきました。この医療法がそして医療法の改正が日本の医療を形づくり、方向を定め、性格をつくって参りました。厚労省医政局が中心になって進めてきたものです。第一次医療法改正から今次の改正までをおおまかに書きだすと、以下のようになります。

一、第一次医療法改正 昭和六〇年
地域医療計画、医療圏の設定
病床数の規制、医療機関の機能分担

一、第二次医療法改正 平成四年
特定機能病院及び療養型病床群の制度化
在宅医療の推進、広告規制緩和

一、第三次医療法改正 平成八年
地域医療支援病院の創設
インフォームドコンセントの法制化
診療所における療養型病床設置

一、第四次医療法改正 平成一二年
一般病床と療養病床の区別
医師臨床研修必修化

一、第五次医療法改正 平成一八年
医療計画における四疾病五事業
医療法人制度改革、社会医療法人の創設
医療安全体制確保

一、第六次医療法改正 平成二六年
地域医療構想の策定、病床機能報告制度
医師看護師勤務環境改善、在宅医療の推進
看護師の届出制度、勤労環境改善

一、第七次医療法改正 平成二七年
医療法人制度見直し
地域医療連携法人制度の創設

一、第八次医療法改正
広告規制強化

第九次改正においては新興感染症、地域医療構想、かかりつけ医、医療介護連携などについて議論されています。

医政なくして医療なしという言葉があります。医政すぎて医療なしになっているのではないでしょうか。

大桑病院

青木記念病院

特別養護老人ホームいこい

桑名医師会立桑名看護専門学校

日本国天皇は青木重孝に
旭日小綬章を授与する
皇居において璽をおさせる
令和二年四月二十九日
内閣総理大臣安倍晋三
内閣府賞勲局長小野田壮

旭日小綬章

表彰状
青木重孝様
あなたは多年にわたり医師会役員
として地域医療の充実発展に尽力
するとともに公衆衛生の向上に
寄与された功労はまことに顕著で
あります
よってここに県民功労者として
表彰します
令和二年四月十四日
三重県知事 鈴木英敬
第五七九号

県民功労賞

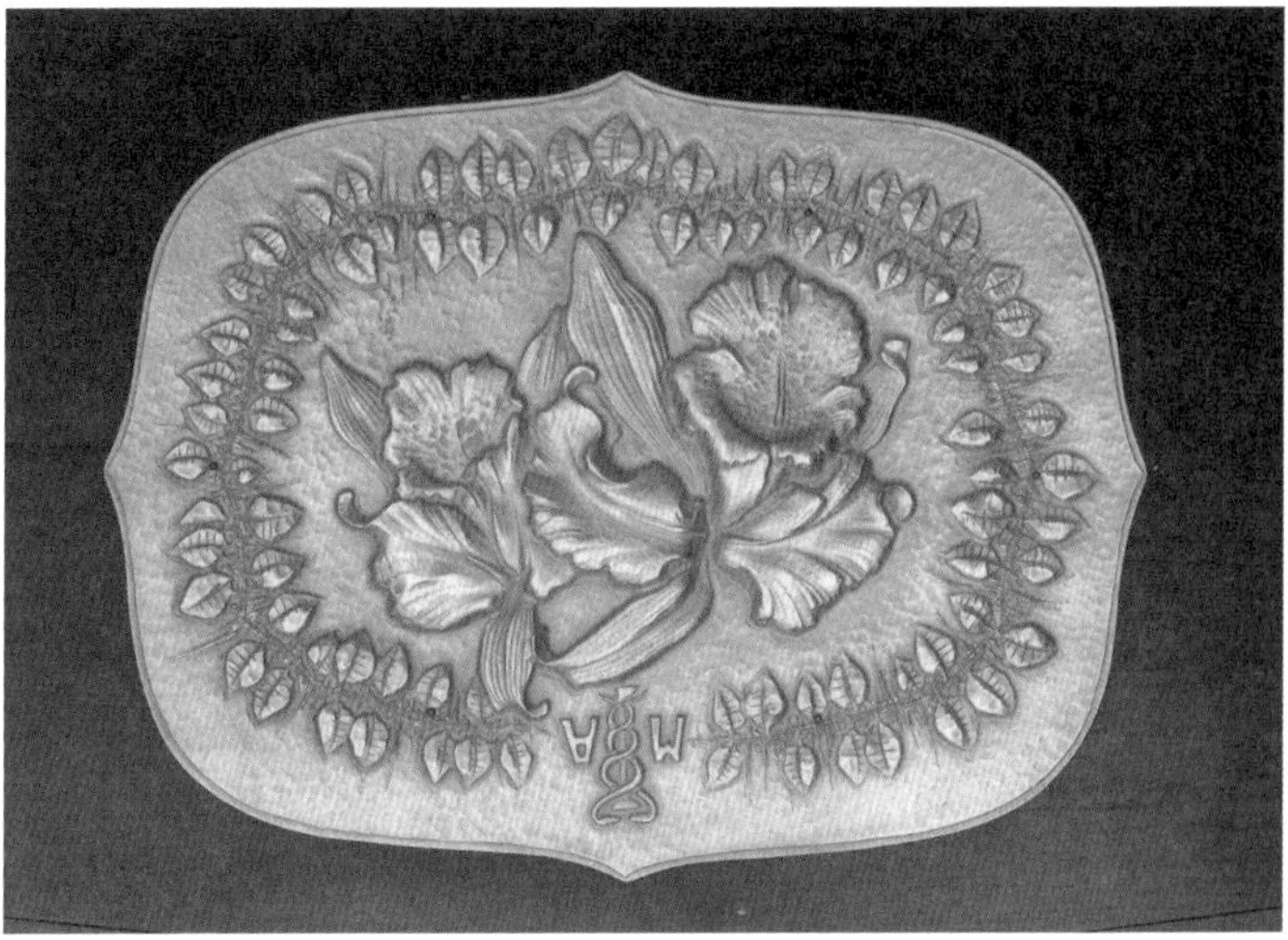

日本医師会最高優功賞

あとがき

先頃、高校時代の同級生の東京での集まりで、高井健弍君が青木はそろそろ自分の生きたありさまを文章にして子や孫に残すと良い、と言ってくれました。また、「一丁上り」となる叙勲もうけ、駄文をしたためました。知り合いの方々、子供や孫、皆が読んでくれればうれしいです。

平成九年、私が五二歳になり父親が亡くなった年齢に達したとき、これからどうしていけばいいのだろうと珍しく考え込んだ時期がありました。親を見習ってとか、親を批判しながらとか、それまであった父親という物差しがなくなってしまいました。

私は五二歳以降、生きてきた二十五年の間で、病院の理事長を続けながら日本医師会常任理事、三重県医師会会長を務めさせていただき、その後自分が医師会生活をするなかで学んだ地域医療のあり方について自分の範疇で実践しようと自身が設立した二つの小病院の統合、そして自分の環境のなかで考えられる医療と介護の連携を実践しています。また、自院の医療の役割はどうあるべきかを考えて実行しているつもりです。

ダラダラと書き始めて約一年、下駄な文章が原稿用紙一〇〇枚を超えてきて、何の目的で書いているのか、意味のないことなのではとか、いろいろな思いが頭をよぎります。そんな思いで筆も進まなくなったとき、毎日のように我が家に来ている小学六年生の孫が私の書いている原稿を読んでいたので、面白いかと問うたらおうむ返しに面白いと言ってくれました。また、私はこの文章を書きながら昔を思い出し、今更ながらの反省もしています。

大上段に自分が生きた証などとふりかざすのではなくて、生きてきた道をふり返るだけで書く意味があるのだと自分で自分を得心させて、筆を進めました。

履歴書（令和5年8月1日現在）

氏　名　青木重孝　昭和20年12月12日生

履　歴
昭和39年3月　愛知県立旭丘高等学校卒業
昭和45年3月　名古屋大学医学部卒業　医師資格取得
昭和45年4月　愛知県立ガンセンター病院研修医
昭和47年4月　名古屋大学医学部第二外科医員
昭和55年9月　医療法人社団青木会大桑病院創立　理事長
昭和61年11月　医療法人財団青木会青木記念病院創立院長　理事長
平成9年7月　社会福祉法人　憩　創立　理事長

現　職
医療法人財団青木会　青木記念病院　理事長
社会福祉法人憩　副理事長

主な社会的活動歴
平成4年4月1日～平成11年3月31日　桑名医師会立桑名看護専門学校副校長
平成8年4月1日～平成14年3月31日　三重県医師会理事
平成16年4月1日～平成18年3月31日　日本医師会常任理事
平成16年5月1日～平成18年3月31日　厚生労働省医道審議会（保健師助産師看護師分科会）臨時委員
平成16年5月1日～平成18年3月31日　厚生労働省社会保障審議会（医療分科会）臨時委員

平成16年6月1日〜平成18年3月31日　厚生労働省中央社会保険医療協議会委員
平成16年6月1日〜平成18年3月31日　財団法人日本医療機能評価機構理事
平成22年4月1日〜平成24年3月31日　三重県医師会副会長
平成22年6月1日〜平成24年3月31日　三重県医療審議会救急医療部会会長
平成22年6月22日〜平成24年3月31日　日本医師会地域医療対策委員会委員長
平成24年4月1日〜平成26年3月31日　三重県産業保健推進センター運営協議会会長
平成24年4月1日〜平成26年6月27日　公益社団法人日本医師会理事
平成24年4月1日〜平成30年6月28日　公益社団法人三重県医師会会長
平成24年4月1日〜平成30年10月29日　公益財団法人三重県救急医療情報センター理事長
平成24年4月1日〜平成30年11月29日　公益財団法人三重県角膜・腎臓バンク協会理事長
平成24年7月10日〜平成26年6月27日　日本医師会学術推進会議委員
平成26年10月28日〜平成30年6月23日　日本医師会医療政策会議委員
平成27年4月1日〜平成30年6月28日　三重産業保健総合支援センター運営協議会会長

受章歴

平成24年9月10日　厚生労働大臣表彰（救急医療功労）
平成24年9月10日　総務大臣表彰（救急功労）
平成27年11月1日　日本医師会最高優功賞
令和2年4月14日　第56回（令和2年）県民功労者表彰（保健衛生功労）

叙勲受章

令和2年4月29日　旭日小綬章（保健衛生功労）

医師会仕事は遊びにすぎん　青木重孝自伝

2023年12月30日　第1刷発行　（定価はカバーに表示してあります）

著　者　　青木 重孝

発行者　　山口 章

発行所　名古屋市中区大須1丁目16番29号
電話 052-218-7808　FAX052-218-7709
http://www.fubaisha.com/
風媒社

乱丁・落丁本はお取り替えいたします。　＊印刷／シナノパブリッシングプレス
ISBN978-4-8331-5454-3